행복을 부르는
법화경 사경 5

행복을 부르는 법화경 사경 5

혜조 惠照 譯

운주사

| 묘법연화경 제一권 | 제1 서품 | 9 |
| | 제2 방편품 | 111 |

| 묘법연화경 제二권 | 제3 비유품 | 7 |
| | 제4 신해품 | 170 |

묘법연화경 제三권	제5 약초유품	7
	제6 수기품	49
	제7 화성유품	95

묘법연화경 제四권	제8 오백제자수기품	7
	제9 수학무학인기품	64
	제10 법사품	95
	제11 견보탑품	148
	제12 제바달다품	213
	제13 권지품	256

묘법연화경 제五권	제14 안락행품	7
	제15 종지용출품	87
	제16 여래수량품	155
	제17 분별공덕품	205

묘법연화경 제六권	제18 수희공덕품	7
	제19 법사공덕품	39
	제20 상불경보살품	113
	제21 여래신력품	150
	제22 촉루품	178
	제23 약왕보살본사품	190

묘법연화경 제七권	제24 묘음보살품	7
	제25 관세음보살보문품	58
	제26 다라니품	108
	제27 묘장엄왕본사품	139
	제28 보현보살권발품	181

제	십	사		안	락	행	품		
第	十	四		安	樂	行	品		
차례제	열십	넉사		편안할안	즐길락	행할행	가지품		

이	시		문	수	사	리	법	왕	자
爾	時		文	殊	師	利	法	王	子
그이	때시		글월문	뛰어날수	스승사	이로울리	법법	임금왕	아들자

보	살	마	하	살		백	불	언	
菩	薩	摩	訶	薩		白	佛	言	
보리보	보살살	갈마	꾸짖을가(하)	보살살		사뢸백	부처불	말씀언	

세	존		시	제	보	살		심	위
世	尊		是	諸	菩	薩		甚	爲
세상세	높을존		이시	모든제	보리보	보살살		심할심	할위

난	유		경	순	불	고		발	대
難	有		敬	順	佛	故		發	大
어려울난	있을유		공경할경	순할순	부처불	연고고		필발	큰대

제14 안락행품
그때 문수사리 법왕자 보살마하살이 부처님께 사뢰었다.
"세존이시여, 이 보살들은 아주 어려운 일을 감당해야만 될 것입니다.
즉 부처님을 공경하고 순종하기에

서	원		어	후	악	세		호	지
誓	願		於	後	惡	世		護	持
맹세할서	원할원		어조사어	뒤후	악할악	세상세		보호할호	가질지

독	설		시	법	화	경		세	존
讀	說		是	法	華	經		世	尊
읽을독	말씀설		이시	법법	꽃화	경경		세상세	높을존

보	살	마	하	살		어	후	악	세
菩	薩	摩	訶	薩		於	後	惡	世
보리보	보살살	갈마	꾸짖을가(하)	보살살		어조사어	뒤후	악할악	세상세

운	하	능	설	시	경		불	고	문
云	何	能	說	是	經		佛	告	文
이를운	어찌하	능할능	말씀설	이시	경경		부처불	알릴고	글월문

수	사	리		약	보	살	마	하	살
殊	師	利		若	菩	薩	摩	訶	薩
뛰어날수	스승사	이로울리		만약약	보리보	보살살	갈마	꾸짖을가(하)	보살살

큰 서원을 세웠으니, 미래 오탁악세에서 이 법화경을 수호하여 간직하며
읽고 연설할 것입니다. 하지만 세존이시여, 보살마하살이 미래 오탁악세에서
어떻게 해야만 이 경을 널리 연설할 수 있겠습니까?"
부처님께서 문수사리보살에게 이르시었다. "만약 보살마하살이

어	후	악	세		욕	설	시	경
於	後	惡	世		欲	說	是	經
어조사어	뒤 후	악할 악	세상 세		하고자할욕	말씀 설	이 시	경 경

당	안	주	사	법		일	자		안
當	安	住	四	法		一	者		安
마땅히당	편안할안	머물주	넉 사	법 법		한 일	놈 자		편안할안

주	보	살	행	처		급	친	근	처
住	菩	薩	行	處		及	親	近	處
머물주	보리보	보살살	행할행	곳 처		및 급	친할친	가까울근	곳 처

능	위	중	생		연	설	시	경
能	爲	衆	生		演	說	是	經
능할능	위할위	무리중	날 생		펼 연	말씀설	이 시	경 경

문	수	사	리		운	하	명		보
文	殊	師	利		云	何	名		菩
글월문	뛰어날수	스승사	이로울리		이를운	어찌하	이름명		보리보

미래 오탁악세에서 이 경을 연설하고자 한다면
마땅히 네 가지 행법을 잘 지켜야 하느니라.
첫째, 보살의 올바른 수행자세와 가까이 해야 할 영역에 바로 안주해야만,
능히 중생들을 위하여 이 경을 연설할 수 있느니라. 문수사리보살이여, 무엇을

살	마	하	살	행	처		약	보	살
薩	摩	訶	薩	行	處		若	菩	薩
보살살	갈마	꾸짖을가(하)	보살살	행할행	곳처		만약약	보리보	보살살

마	하	살		주	인	욕	지		유
摩	訶	薩		住	忍	辱	地		柔
갈마	꾸짖을가(하)	보살살		머물주	참을인	욕될욕	땅지		부드러울유

화	선	순		이	부	졸	폭		심
和	善	順		而	不	卒	暴		心
화평할화	착할선	순할순		말이을이	아닐부	갑자기졸	사나울폭		마음심

역	불	경		우	부	어	법		무
亦	不	驚		又	復	於	法		無
또역	아닐불	놀랄경		또우	다시부	어조사어	법법		없을무

소	행		이	관	제	법	여	실	상
所	行		而	觀	諸	法	如	實	相
바소	행할행		말이을이	볼관	모든제	법법	같을여	진실실	모양상

보살마하살의 올바른 수행자세라 하는가? 보살마하살은 인욕의 경지에 머물러서
부드럽고 온화하며 착하고 순하여 발끈발끈 성내지 말아야 할 뿐만 아니라,
또한 마음으로 깜짝깜짝 놀라지 말아야 하느니라.
또 무엇에도 사로잡히지 말고 모든 법을 실상 그대로 관찰하되,

역	불	행		불	분	별		시	명
亦	不	行		不	分	別		是	名
또역	아닐불	행할행		아닐불	나눌분	나눌별		이시	이름명

보	살	마	하	살	행	처		운	하
菩	薩	摩	訶	薩	行	處		云	何
보리보	보살살	갈마	꾸짖을가(하)	보살살	행할행	곳처		이를운	어찌하

명		보	살	마	하	살	친	근	처
名		菩	薩	摩	訶	薩	親	近	處
이름명		보리보	보살살	갈마	꾸짖을가(하)	보살살	친할친	가까울근	곳처

보	살	마	하	살		불	친	근	
菩	薩	摩	訶	薩		不	親	近	
보리보	보살살	갈마	꾸짖을가(하)	보살살		아닐불	친할친	가까울근	

국	왕	왕	자		대	신	관	장
國	王	王	子		大	臣	官	長
나라국	임금왕	임금왕	아들자		큰대	신하신	벼슬관	길장

역시 함부로 생각하지 말고 분별하지 말아야 하느니라.
이것을 말해 '보살마하살의 올바른 수행자세' 라 하느니라.
다음에 무엇을 보살마하살이 가까이 해야 할 영역이라 하는가? 보살마하살은
국왕과 왕자·대신·관청의 우두머리들과 교제하며 비위를 맞추거나 섬기지 말아야 하느니라.

불	친	근		제	외	도	범	지
不	親	近		諸	外	道	梵	志
아닐 불	친할 친	가까울 근		모든 제	바깥 외	길 도	바라문 범	뜻 지

니	건	자	등		급	조	세	속	문
尼	揵	子	等		及	造	世	俗	文
여승 니	멜 건	아들 자	무리 등		및 급	지을 조	세상 세	풍속 속	글월 문

필		찬	영	외	서		급	로	가
筆		讚	詠	外	書		及	路	伽
붓 필		칭찬할 찬	읊을 영	바깥 외	글 서		및 급	길 로	절 가

야	타		역	로	가	야	타	자
耶	陀		逆	路	伽	耶	陀	者
어조사 야	비탈질 타		거스를 역	길 로	절 가	어조사 야	비탈질 타	놈 자

역	불	친	근		제	유	흉	희
亦	不	親	近		諸	有	兇	戲
또 역	아닐 불	친할 친	가까울 근		모든 제	있을 유	흉악할 흉	장난할 희

또 모든 외도들, 곧 범지나 니건자 등과 가까이 사귀지 말며,
세속 문필가나 외도의 서적을 찬탄하는 이들, 그리고 로가야타(유물 쾌락주의자)와
역로가야타(고행주의자) 등과도 친하게 지내지 말아야 하느니라.
또한 모든 흉칙한 놀이와

상	차	상	박		급	나	라	등
相	扠	相	撲		及	那	羅	等
서로상	찌를차	서로상	칠박		및 급	어찌나	새그물라	무리등

종	종	변	현	지	희		우	불	친
種	種	變	現	之	戲		又	不	親
종류종	종류종	변할변	나타날현	어조사지	장난할희		또우	아닐불	친할친

근		전	다	라		급	축	저	양
近		旃	陀	羅		及	畜	猪	羊
가까울근		기 전	비탈질타(다)	새그물라		및 급	기를축	돼지저	양양

계	구		전	렵	어	포		제	악
鷄	狗		畋	獵	漁	捕		諸	惡
닭계	개구		사냥할전	사냥할렵	고기 잡을어	사로잡을포		모든제	악할악

율	의		여	시	인	등		혹	시
律	儀		如	是	人	等		或	時
법율	거동의		같을여	이시	사람인	무리등		혹혹	때시

서로 찌르고 격투하며 힘 겨루는 일, 배우나 광대들이 갖가지로 변화하는 놀이와 오락 등에도
가까이 하지 말아야 하느니라. 또 전다라와 돼지·양·닭·개 따위를 기르는 이와
산짐승을 사냥하고 물고기를 잡는 등 여러 나쁜 짓을 하는 사람들과
친하게 사귀지 말아야 하느니라. 그러나 혹시 그와 같은 사람들이 찾아오거든,

래	자		즉	위	설	법		무	소
來	者		則	爲	說	法		無	所
올래	놈자		곧즉	위할위	말씀설	법법		없을무	바소

희	망		우	불	친	근		구	성
悕	望		又	不	親	近		求	聲
원할희	바랄망		또우	아닐불	친할친	가까울근		구할구	소리성

문		비	구	비	구	니		우	바
聞		比	丘	比	丘	尼		優	婆
들을문		견줄비	언덕구	견줄비	언덕구	여승니		넉넉할우	할미 파(바)

새	우	바	이		역	불	문	신	
塞	優	婆	夷		亦	不	問	訊	
변방새	넉넉할우	할미 파(바)	오랑캐이		또역	아닐불	물을문	물을신	

약	어	방	중		약	경	행	처	
若	於	房	中		若	經	行	處	
만약약	어조사어	방방	가운데중		만약약	지날경	갈행	곳처	

그들을 위하여 그때그때 알맞게 설법해주되 바라는 바가 없어야 되느니라.
또 성문승을 구하는 비구·비구니·우바새·우바이와
가깝게 지내지 말며, 문안도 하지 말라.
그래서 방안에서나 혹은 다니는 길에서,

약	재	강	당	중		불	공	주	지
若	在	講	堂	中		不	共	住	止
만약 약	있을 재	강론할 강	집 당	가운데 중		아닐 불	함께 공	머물 주	그칠 지

혹	시	래	자		수	의	설	법
或	時	來	者		隨	宜	說	法
혹 혹	때 시	올 래	놈 자		따를 수	마땅할 의	말씀 설	법 법

무	소	희	구		문	수	사	리
無	所	悕	求		文	殊	師	利
없을 무	바 소	원할 희	구할 구		글월 문	뛰어날 수	스승 사	이로울 리

우	보	살	마	하	살		불	응	어
又	菩	薩	摩	訶	薩		不	應	於
또 우	보리 보	보살 살	갈 마	꾸짖을 가(하)	보살 살		아닐 불	응당히 응	어조사 어

여	인	신		취	능	생	욕	상	상
女	人	身		取	能	生	欲	想	相
여자 여	사람 인	몸 신		취할 취	능할 능	날 생	욕심 욕	생각 상	모양 상

아니면 강당 안에서라도 함께 가까이 머물지 말라.
하지만 혹시 찾아오거들랑 근기에 맞게 법을 설해주되,
역시 대가를 구하는 바가 없어야 되느니라. 문수사리보살이여!
또 보살마하살은 여자의 몸에 애욕을 일으킬 수 있는 태도로

이	위	설	법		역	불	락	견
而	爲	說	法		亦	不	樂	見
말이을이	할위	말씀설	법법		또역	아닐불	즐길락	볼견

약	입	타	가		불	여	소	녀	처
若	入	他	家		不	與	小	女	處
만약약	들입	다를타	집가		아닐불	더불어여	작을소	여자녀	곳처

녀		과	녀	등	공	어		역	부
女		寡	女	等	共	語		亦	復
여자녀		과부과	여자녀	무리등	함께공	말씀어		또역	다시부

불	근		오	종	불	남	지	인
不	近		五	種	不	男	之	人
아닐불	가까울근		다섯오	종류종	아닐불	사내남	어조사지	사람인

이	위	친	후		부	독	입	타	가
以	爲	親	厚		不	獨	入	他	家
써이	할위	친할친	두터울후		아닐부	홀로독	들입	다를타	집가

설법해서는 절대로 안 되며, 또한 여자들과 만나는 것을 좋아해서도 안 되느니라.
그리하여 만약 남의 집에 들어가더라도 어린 소녀나 처녀 혹은 과부들과 더불어
삼가 말하지 말며, 게다가 또 다섯 종류의 사내 아닌 남자들과도 친하게 지내지 말라.
그리고 혼자서 남의 집에 들어가지 말되,

약	유	인	연		수	독	입	시
若	有	因	緣		須	獨	入	時
만약약	있을유	인할인	인연연		모름지기수	홀로독	들입	때시

단	일	심	염	불	약	위	여	인
但	一	心	念	佛	若	爲	女	人
다만단	한일	마음심	생각할염	부처불	만약약	위할위	여자여	사람인

설	법		불	로	치	소		불	현
說	法		不	露	齒	笑		不	現
말씀설	법법		아닐불	드러날로	이치	웃을소		아닐불	나타날현

흉	억		내	지	위	법		유	불
胸	臆		乃	至	爲	法		猶	不
가슴흉	가슴억		이에내	이를지	위할위	법법		오히려유	아닐불

친	후		황	부	여	사		불	락
親	厚		況	復	餘	事		不	樂
친할친	두터울후		하물며황	다시부	남을여	일사		아닐불	즐길락

어쩌다 그럴 만한 사정이 생겨서 할 수 없이 혼자 들어가야만 할 때에는 오로지 일심으로
염불하며 들어가야 하느니라. 만약 여인을 위하여 설법하게 되거든, 치아를 드러내어 웃지 말고
가슴을 헤쳐 보여서도 안 되느니라. 심지어 법을 위해서라도 오히려 여인과 허물없이
친해져서는 안 되는데, 하물며 다른 목적으로 여인과 친하게 지내서야 되겠느냐!

축	연	소	제	자		사	미	소	아
畜	年	少	弟	子		沙	彌	小	兒
기를축	해연	적을소	아우제	아들자		모래사	두루찰미	작을소	아이아

역	불	락	여	동	사		상	호	좌
亦	不	樂	與	同	師		常	好	坐
또역	아닐불	즐길락	더불어여	한가지동	스승사		항상상	좋을호	앉을좌

선		재	어	한	처		수	섭	기
禪		在	於	閑	處		修	攝	其
고요할선		있을재	어조사어	한가할한	곳처		닦을수	다스릴섭	그기

심		문	수	사	리		시	명	초
心		文	殊	師	利		是	名	初
마음심		글월문	뛰어날수	스승사	이로울리		이시	이름명	처음초

친	근	처		부	차	보	살	마	하
親	近	處		復	次	菩	薩	摩	訶
친할친	가까울근	곳처		다시부	버금차	보리보	보살살	갈마	꾸짖을가(하)

그리고 나이 어린 제자나 사미·어린애들 기르는 것을 좋아하지 말고,
또한 스승과 더불어 같이 풍류하지 말라. 그보다 항상 좌선하기를 좋아하고,
한적한 곳에서 그 마음을 거두어 닦도록 하여라. 문수사리보살이여, 이것을
'보살마하살이 가까이 해야 할 첫 번째 영역'이라 하느니라. 다음에 또 보살마하살은

살		관	일	체	법	공		여	실
薩		觀	一	切	法	空		如	實
보살살		볼관	한일	모두체	법법	빌공		같을여	진실실

상		부	전	도		부	동	불	퇴
相		不	顚	倒		不	動	不	退
모양상		아닐부	넘어질전	넘어질도		아닐부	움직일동	아닐불	물러날퇴

부	전		여	허	공	무	소	유	성
不	轉		如	虛	空	無	所	有	性
아닐부	구를전		같을여	빌허	빌공	없을무	바소	있을유	성품성

일	체	어	언	도	단		불	생	불
一	切	語	言	道	斷		不	生	不
한일	모두체	말씀어	말씀언	길도	끊을단		아닐불	날생	아닐불

출	불	기		무	명	무	상		실
出	不	起		無	名	無	相		實
날출	아닐불	일어날기		없을무	이름명	없을무	모양상		진실실

일체법이 공하여 실상과 같음을 관찰해야 하느니라. 즉 모든 법은 뒤바뀌지 않고
흔들리지 않으며 물러나거나 옮겨가지 않나니, 마치 허공에 아무런 성품이 없는 것처럼
일체 언어의 길이 끊어져 말로써 표현할 수가 없느니라. 그래서 사실 모든 법은
생기는 것도 아니고 나오는 것도 아니며 일어나는 것도 아니고, 이름도 없으며 모양도 없어서

무	소	유		무	량	무	변		무
無	所	有		無	量	無	邊		無
없을무	바소	있을유		없을무	헤아릴량	없을무	가변		없을무

애	무	장		단	이	인	연	유	
礙	無	障		但	以	因	緣	有	
거리낄 애	없을무	막을장		다만단	써이	인할인	인연연	있을유	

종	전	도	생	고		설	상	락	관
從	顚	倒	生	故		說	常	樂	觀
좇을종	넘어질전	넘어질도	날생	연고고		말씀설	항상상	즐길락	볼관

여	시	법	상		시	명	보	살	마
如	是	法	相		是	名	菩	薩	摩
같을여	이시	법법	모양상		이시	이름명	보리보	보살살	갈마

하	살		제	이	친	근	처		이
訶	薩		第	二	親	近	處		爾
꾸짖을가(하)	보살살		차례제	두이	친할친	가까울근	곳처		그이

> 실제로 있는 게 아무것도 없느니라. 다시 말해 일체법은 한량없으며 끝도 없고
> 걸림도 없을 뿐더러 막힘도 없느니라. 왜냐하면 모든 법은 오로지 인연에 의해서만 존재하며,
> 전도된 생각으로부터 생기기 때문이니라. 그러므로 늘 이와 같이 법상을 즐겨 관찰하라고 말하나니,
> 이것을 '보살마하살이 가까이 해야 할 두 번째 영역'이라 하느니라."

시	세	존		욕	중	선	차	의
時	世	尊		欲	重	宣	此	義
때시	세상세	높을존		하고자할욕	거듭할중	베풀선	이차	의미의

이	설	게	언		약	유	보	살
而	說	偈	言		若	有	菩	薩
말이을이	말씀설	게송게	말씀언		만약약	있을유	보리보	보살살

어	후	악	세		무	포	외	심
於	後	惡	世		無	怖	畏	心
어조사어	뒤후	악할악	세상세		없을무	두려워할포	두려워할외	마음심

욕	설	시	경		응	입	행	처
欲	說	是	經		應	入	行	處
하고자할욕	말씀설	이시	경경		응당히응	들입	행할행	곳처

급	친	근	처		상	리	국	왕
及	親	近	處		常	離	國	王
및급	친할친	가까울근	곳처		항상상	떠날리	나라국	임금왕

그때 세존께서 거듭 의미를 표현하시고자 게송으로 말씀하셨다.
　　만약 어떤 보살이 미래 오탁악세에서 두려움 없는 마음으로
　　이 경을 설하고자 하거든 마땅히 올바른 수행 자세와
　　가까이 해야 할 영역에 입각해야 하느니라. 언제나 국왕과

급	국	왕	자		대	신	관	장
及	國	王	子		大	臣	官	長
및 급	나라 국	임금 왕	아들 자		큰 대	신하 신	벼슬 관	길 장

흉	험	희	자		급	전	다	라
兇	險	戱	者		及	旃	陀	羅
흉악할 흉	험할 험	장난할 희	놈 자		및 급	기 전	비탈질 타(다)	새그물 라

외	도	범	지		역	불	친	근
外	道	梵	志		亦	不	親	近
바깥 외	길 도	바라문 범	뜻 지		또 역	아닐 불	친할 친	가까울 근

증	상	만	인		탐	착	소	승
增	上	慢	人		貪	著	小	乘
더할 증	위 상	거만할 만	사람 인		탐할 탐	잡을 착	작을 소	탈 승

삼	장	학	자		파	계	비	구
三	藏	學	者		破	戒	比	丘
석 삼	곳간 장	배울 학	놈 자		깨뜨릴 파	지킬 계	견줄 비	언덕 구

왕자·왕의 시종인 대신과 관장·흉악한 놀이의 장난꾼과 전다라
외도 범지인 이교도들을 멀리 하며,
또한 깨달은 체하는 증상만인과
소승에 집착하는 삼장 학자들·파계한 비구와

명	자	나	한		급	비	구	니
名	字	羅	漢		及	比	丘	尼
이름명	글자자	새그물나	한수한		및 급	견줄비	언덕구	여승니

호	희	소	자		심	착	오	욕
好	戲	笑	者		深	著	五	欲
좋을호	장난할희	웃을소	놈자		깊을심	잡을착	다섯오	욕심욕

구	현	멸	도		제	우	바	이
求	現	滅	度		諸	優	婆	夷
구할구	지금현	멸할멸	건널도		모든제	넉넉할우	할미 파(바)	오랑캐이

개	물	친	근		약	시	인	등
皆	勿	親	近		若	是	人	等
다개	말물	친할친	가까울근		만약약	이 시	사람인	무리등

이	호	심	래		도	보	살	소
以	好	心	來		到	菩	薩	所
써이	좋을호	마음심	올래		이를도	보리보	보살살	곳소

이름뿐인 아라한 그리고 희롱하기 좋아하는 비구니들과 사귀지 말고,
오욕락에 깊이 탐착한 채 현세에서 안락한 상태를 구하는
그런 재가 여성들과도 일절 교제하지 말라.
그런데 만약 그 사람들이 좋은 마음으로써 보살 있는 데를 찾아와

위	문	불	도		보	살	즉	이
爲	聞	佛	道		菩	薩	則	以
할위	들을문	부처불	길도		보리보	보살살	곧즉	써이

무	소	외	심		불	회	희	망
無	所	畏	心		不	懷	悕	望
없을무	바소	두려워할외	마음심		아닐불	품을회	원할희	바랄망

이	위	설	법		과	녀	처	녀
而	爲	說	法		寡	女	處	女
말이을이	할위	말씀설	법법		과부과	여자녀	곳처	여자녀

급	제	불	남		개	물	친	근
及	諸	不	男		皆	勿	親	近
및급	모든제	아닐불	사내남		다개	말물	친할친	가까울근

이	위	친	후		역	막	친	근
以	爲	親	厚		亦	莫	親	近
써이	할위	친할친	두터울후		또역	말막	친할친	가까울근

불법을 듣고자 하거든 보살은 두려움 없는 마음으로써
대가를 바라는 마음 없이 설법해 주도록 하라.
과부나 처녀 그리고 사내 아닌 남자들과
모두 가까이 하여 친하게 지내지 말며,

도	아	괴	회		전	렵	어	포
屠	兒	魁	膾		畋	獵	漁	捕
잡을 도	아이 아	괴수 괴	회 회		사냥할 전	사냥할 렵	고기 잡을 어	사로잡을 포

위	리	살	해		판	육	자	활
爲	利	殺	害		販	肉	自	活
위할 위	이로울 리	죽일 살	해할 해		팔 판	고기 육	스스로 자	살 활

현	매	여	색		여	시	지	인
衒	賣	女	色		如	是	之	人
팔 현	팔 매	여자 여	빛 색		같을 여	이 시	어조사 지	사람 인

개	물	친	근		흉	험	상	박
皆	勿	親	近		兇	險	相	撲
다 개	말 물	친할 친	가까울 근		흉악할 흉	험할 험	서로 상	칠 박

종	종	희	희		제	음	녀	등
種	種	嬉	戲		諸	婬	女	等
종류 종	종류 종	놀 희	장난할 희		모든 제	음탕할 음	여자 녀	무리 등

짐승 잡는 백정이나 회치는 이·사냥꾼이나 어부들 같이 이익을 위해 살생하는
그런 사람들과도 가까이 지내지 말고, 고기 팔아 생활하며 몸을 파는 여자들
그와 같은 사람들과도 모두 교제하지 말고, 험상스럽게 서로 격투하는 자와
여러 가지 희롱하며 노는 자, 유녀나 모든 음탕한 여자들과

진	물	친	근		막	독	병	처
盡	勿	親	近		莫	獨	屛	處
다할 진	말 물	친할 친	가까울 근		말 막	홀로 독	병풍 병	곳 처

위	녀	설	법		약	설	법	시
爲	女	說	法		若	說	法	時
위할 위	여자 녀	말씀 설	법 법		만약 약	말씀 설	법 법	때 시

무	득	희	소		입	리	걸	식
無	得	戲	笑		入	里	乞	食
없을 무	얻을 득	장난할 희	웃을 소		들 입	마을 리	빌 걸	먹을 식

장	일	비	구		약	무	비	구
將	一	比	丘		若	無	比	丘
거느릴 장	한 일	견줄 비	언덕 구		만약 약	없을 무	견줄 비	언덕 구

일	심	염	불		시	즉	명	위
一	心	念	佛		是	則	名	爲
한 일	마음 심	생각할 염	부처 불		이 시	곧 즉	이름 명	할 위

전부 사귀지 말라. 그리고 혼자 으슥한 곳에서 여인을 위해 설법하지 말고
만약 법을 설할 때에는 농담하며 실없이 웃지 말라.
마을에 들어가 걸식할 때에는 다른 비구와 같이 갈 것이며
만약 동행할 스님이 없거든 일심으로 염불하며 가도록 하라. 이것이 바로

행	처	근	처		이	차	이	처
行	處	近	處		以	此	二	處
행할 행	곳 처	가까울 근	곳 처		써 이	이 차	두 이	곳 처

능	안	락	설		우	부	불	행
能	安	樂	說		又	復	不	行
능할 능	편안할 안	즐길 락	말씀 설		또 우	다시 부	아닐 불	행할 행

상	중	하	법		유	위	무	위
上	中	下	法		有	爲	無	爲
위 상	가운데 중	아래 하	법 법		있을 유	할 위	없을 무	할 위

실	부	실	법		역	불	분	별
實	不	實	法		亦	不	分	別
진실 실	아닐 부	진실 실	법 법		또 역	아닐 불	나눌 분	나눌 별

시	남	시	녀		부	득	제	법
是	男	是	女		不	得	諸	法
이 시	사내 남	이 시	여자 녀		아닐 부	얻을 득	모든 제	법 법

보살의 올바른 수행자세와 가까이 할 영역이니, 이 두 가지 처신으로써
능히 안락하게 설법할 수 있으리라. 또 다시 상·중·하의 법이나
유위법과 무위법·진실한 법과 진실하지 않은 법을 구태여 따지지 말고,
또한 남자다 여자다 분별하지 말며 모든 법을 얻으려 하지도 말고

부	지	불	견		시	즉	명	위
不	知	不	見		是	則	名	爲
아닐부	알지	아닐불	볼견		이시	곧즉	이름명	할위

보	살	행	처		일	체	제	법
菩	薩	行	處		一	切	諸	法
보리보	보살살	행할행	곳처		한일	모두체	모든제	법법

공	무	소	유		무	유	상	주
空	無	所	有		無	有	常	住
빌공	없을무	바소	있을유		없을무	있을유	항상상	머물주

역	무	기	멸		시	명	지	자
亦	無	起	滅		是	名	智	者
또역	없을무	일어날기	멸할멸		이시	이름명	슬기지	놈자

소	친	근	처		전	도	분	별
所	親	近	處		顚	倒	分	別
바소	친할친	가까울근	곳처		넘어질전	넘어질도	나눌분	나눌별

알려거나 보려고도 하지 말지니 이것이 보살의 올바른 수행 자세니라.
모든 법은 공하여 있는 게 없기에
항상 머무는 것도 없고 또한 생기거나 사라지는 것도 없나니
이것이 지혜로운 자가 가까이 할 영역이니라. 전도된 망상으로

제	법	유	무		시	실	비	실
諸	法	有	無		是	實	非	實
모든제	법법	있을유	없을무		이시	진실실	아닐비	진실실

시	생	비	생		재	어	한	처
是	生	非	生		在	於	閑	處
이시	날생	아닐비	날생		있을재	어조사어	한가할한	곳처

수	섭	기	심		안	주	부	동
修	攝	其	心		安	住	不	動
닦을수	다스릴섭	그기	마음심		편안할안	머물주	아닐부	움직일동

여	수	미	산		관	일	체	법
如	須	彌	山		觀	一	切	法
같을여	모름지기수	두루찰미	뫼산		볼관	한일	모두체	법법

개	무	소	유		유	여	허	공
皆	無	所	有		猶	如	虛	空
다개	없을무	바소	있을유		같을유	같을여	빌허	빌공

모든 법이 있네 없네·이것이 옳네 옳지 않네·생기네 생기지 않네 분별하나니,
한가한 곳에 있으며 그 마음을 거두어 닦되
편안히 머물러 움직이지 않기를 수미산과 같이 하라.
일체법을 관하여도 아무것도 없나니 마치 허공에

| 무 無 없을무 | 유 有 있을유 | 견 堅 굳을견 | 고 固 굳을고 | | 불 不 아닐불 | 생 生 날생 | 불 不 아닐불 | 출 出 날출 |

| 부 不 아닐부 | 동 動 움직일동 | 불 不 아닐불 | 퇴 退 물러날퇴 | | 상 常 항상상 | 주 住 머물주 | 일 一 한일 | 상 相 모양상 |

| 시 是 이시 | 명 名 이름명 | 근 近 가까울근 | 처 處 곳처 | | 약 若 만약약 | 유 有 있을유 | 비 比 견줄비 | 구 丘 언덕구 |

| 어 於 어조사어 | 아 我 나아 | 멸 滅 멸할멸 | 후 後 뒤후 | | 입 入 들입 | 시 是 이시 | 행 行 행할행 | 처 處 곳처 |

| 급 及 및급 | 친 親 친할친 | 근 近 가까울근 | 처 處 곳처 | | 설 說 말씀설 | 사 斯 이사 | 경 經 경경 | 시 時 때시 |

견고한 것이 하나도 없는 것과 같아서, 생기지도 않고 나오지도 않으며
움직이지도 않고 물러나지도 않은 채 항상 일정한 모양으로 머물러 있음을 관찰할지니
이것이 바로 수행자가 가까이 해야 할 영역이니라. 만약 어떤 비구라도 내 열반한 뒤에
올바른 수행 자세와 가까이 해야 할 영역에 입각한다면 이 경을 설할 때에

무	유	겁	약		보	살	유	시	
無	有	怯	弱		菩	薩	有	時	
없을무	있을유	겁낼겁	약할약		보리보	보살살	있을유	때시	

입	어	정	실		이	정	억	념	
入	於	靜	室		以	正	憶	念	
들입	어조사어	고요할정	방실		써이	바를정	생각할억	생각할념	

수	의	관	법		종	선	정	기	
隨	義	觀	法		從	禪	定	起	
따를수	의미의	볼관	법법		좇을종	고요할선	선정정	일어날기	

위	제	국	왕		왕	자	신	민	
爲	諸	國	王		王	子	臣	民	
위할위	모든제	나라국	임금왕		임금왕	아들자	신하신	백성민	

바	라	문	등		개	화	연	창	
婆	羅	門	等		開	化	演	暢	
할미파(바)	새그물라	문문	무리등		열개	화할화	펼연	펼창	

겁날 것이 없으리라. 보살이 때때로 고요한 방에 들어가
올바른 생각으로써 이치에 맞게 법을 관찰하며,
선정으로부터 일어나서는 모든 국왕과
왕자·신하·백성 및 바라문들을 위하여

설	사	경	전		기	심	안	은
說	斯	經	典		其	心	安	隱
말씀설	이사	경경	법전		그기	마음심	편안할안	편안할은

무	유	겁	약		문	수	사	리
無	有	怯	弱		文	殊	師	利
없을무	있을유	겁낼겁	약할약		글월문	뛰어날수	스승사	이로울리

시	명	보	살		안	주	초	법
是	名	菩	薩		安	住	初	法
이시	이름명	보리보	보살살		편안할안	머물주	처음초	법법

능	어	후	세		설	법	화	경
能	於	後	世		說	法	華	經
능할능	어조사어	뒤후	세상세		말씀설	법법	꽃화	경경

우	문	수	사	리	여	래	멸	후
又	文	殊	師	利	如	來	滅	後
또우	글월문	뛰어날수	스승사	이로울리	같을여	올래	멸할멸	뒤후

이 경전을 펼쳐 교화하고 선양하여 연설한다면 그 마음 편안하여
겁날 것이 없으리라. 문수사리보살이여, 이것을 말하여 보살이
후세에 법화경을 설하기 위해 안주해야 할 첫 번째 행법이라 하느니라.
"또 문수사리보살이여! 여래가 열반한 뒤

어	말	법	중		욕	설	시	경
於	末	法	中		欲	說	是	經
어조사어	끝말	법법	가운데중		하고자할욕	말씀설	이시	경경

응	주	안	락	행	약	구	선	설
應	住	安	樂	行	若	口	宣	說
응당히응	머물주	편안할안	즐길락	행할행	만약약	입구	베풀선	말씀설

약	독	경	시		불	락	설	인
若	讀	經	時		不	樂	說	人
만약약	읽을독	경경	때시		아닐불	즐길락	말씀설	사람인

급	경	전	과		역	불	경	만
及	經	典	過		亦	不	輕	慢
및급	경경	법전	허물과		또역	아닐불	가벼울경	거만할만

제	여	법	사		불	설	타	인
諸	餘	法	師		不	說	他	人
모든제	남을여	법법	스승사		아닐불	말씀설	다를타	사람인

말법 세상 가운데에서 이 경을 연설하려면 응당 다음의 안락한 행법에도
머물러야 하느니라. 다시 말해 입으로 경전을 연설하거나 독경할 때,
삼가 남의 허물이나 경전의 허물을 말하는 것을 좋아해서는 안 되느니라.
또한 다른 법사들을 가벼이 업신여기지 말며, 다른 사람의

호	악	장	단		어	성	문	인
好	惡	長	短		於	聲	聞	人
좋을호	악할악	길장	짧을단		어조사어	소리성	들을문	사람인

역	불	칭	명		설	기	과	악
亦	不	稱	名		說	其	過	惡
또역	아닐불	일컬을칭	이름명		말씀설	그기	허물과	악할악

역	불	칭	명		찬	탄	기	미
亦	不	稱	名		讚	歎	其	美
또역	아닐불	일컬을칭	이름명		칭찬할찬	찬탄할탄	그기	아름다울미

우	역	불	생		원	혐	지	심
又	亦	不	生		怨	嫌	之	心
또우	또역	아닐불	날생		원망할원	싫어할혐	어조사지	마음심

선	수	여	시		안	락	심	고
善	修	如	是		安	樂	心	故
착할선	닦을수	같을여	이시		편안할안	즐길락	마음심	연고고

좋고 나쁜 잘잘못을 말하지 말아야 하느니라. 아무리 성문승을 구하는 사람이라도
역시 그 사람 이름을 불러가며 허물을 말하지 말고, 그 사람 이름을 불러가며
좋은 점을 찬탄하지도 말라. 또 마찬가지로 원망하고 싫어하는 마음도 품지 말지니라.
설법자가 그렇게 안락한 마음을 잘 닦게 되면,

제	유	청	자		불	역	기	의
諸	有	聽	者		不	逆	其	意
모든제	있을유	들을청	놈자		아닐불	거스를역	그기	뜻의

유	소	난	문		불	이	소	승	법
有	所	難	問		不	以	小	乘	法
있을유	바소	어려울난	물을문		아닐불	써이	작을소	탈승	법법

답		단	이	대	승		이	위	해
答		但	以	大	乘		而	爲	解
대답할답		다만단	써이	큰대	탈승		말이을이	할위	풀해

설		영	득	일	체	종	지		이
說		令	得	一	切	種	智		爾
말씀설		하여금영	얻을득	한일	모두체	종류종	슬기지		그이

시	세	존		욕	중	선	차	의
時	世	尊		欲	重	宣	此	義
때시	세상세	높을존		하고자할욕	거듭할중	베풀선	이차	의미의

따라서 듣는 청중들도 모두 그의 뜻을 어기지 않으리라.
그리고 만일 어려운 질문을 받거든 소승법으로써 대답하지 말고, 오로지
대승법으로써 해설해주어 듣는 사람들로 하여금 일체종지를 얻도록 해야 하느니라."
그때 세존께서 거듭 의미를 표현하시고자

이	설	게	언		보	살	상	락
而	說	偈	言		菩	薩	常	樂
말이을이	말씀설	게송게	말씀언		보리보	보살살	항상상	즐길락

안	은	설	법		어	청	정	지
安	隱	說	法		於	清	淨	地
편안할안	편안할은	말씀설	법법		어조사어	맑을청	깨끗할정	땅지

이	시	상	좌		이	유	도	신
而	施	床	座		以	油	塗	身
말이을이	베풀시	평상상	자리좌		써이	기름유	바를도	몸신

조	욕	진	예		착	신	정	의
澡	浴	塵	穢		著	新	淨	衣
씻을조	목욕할욕	티끌진	더러울예		입을착	새신	깨끗할정	옷의

내	외	구	정		안	처	법	좌
內	外	俱	淨		安	處	法	座
안내	바깥외	함께구	깨끗할정		편안할안	곳처	법법	자리좌

> 게송으로 말씀하셨다.
> 　　보살은 항상 안락하게 설법하되 깨끗한 땅에 높은 자리 마련해서
> 　　기름을 몸에 발라 더러운 때 씻어버리고, 깨끗한 새 옷을 갈아입어
> 　　안과 밖을 함께 청결히 한 다음 법좌에 편안히 앉아서

수	문	위	설		약	유	비	구	
隨	問	爲	說		若	有	比	丘	
따를수	물을문	할위	말씀설		만약약	있을유	견줄비	언덕구	

급	비	구	니		제	우	바	새	
及	比	丘	尼		諸	優	婆	塞	
및 급	견줄비	언덕구	여승니		모든제	넉넉할우	할미 파(바)	변방새	

급	우	바	이		국	왕	왕	자	
及	優	婆	夷		國	王	王	子	
및 급	넉넉할우	할미 파(바)	오랑캐이		나라국	임금왕	임금왕	아들자	

군	신	사	민		이	미	묘	의	
群	臣	士	民		以	微	妙	義	
무리군	신하신	선비사	백성민		써이	작을미	묘할묘	의미의	

화	안	위	설		약	유	난	문	
和	顔	爲	說		若	有	難	問	
화평할화	얼굴안	할위	말씀설		만약약	있을유	어려울난	물을문	

물음에 따라 설법하여라.
어떤 비구·비구니·우바새·우바이와
국왕·왕자·대신·백성들에게도 미묘한 뜻으로써
온화한 얼굴로 설법해 줄지니, 만약 어려운 질문을 받거든

수	의	이	답		인	연	비	유
隨	義	而	答		因	緣	譬	喩
따를수	의미의	말이을이	대답할답		인할인	인연연	비유할비	비유할유

부	연	분	별		이	시	방	편
敷	演	分	別		以	是	方	便
펼부	펼연	나눌분	나눌별		써이	이시	처방방	편할편

개	사	발	심		점	점	증	익
皆	使	發	心		漸	漸	增	益
다개	하여금사	필발	마음심		점점점	점점점	더할증	더할익

입	어	불	도		제	나	타	의
入	於	佛	道		除	懶	惰	意
들입	어조사어	부처불	길도		제할제	게으를나	게으를타	뜻의

급	해	태	상		이	제	우	뇌
及	懈	怠	想		離	諸	憂	惱
및급	게으를해	게으를태	생각상		떠날이	모든제	근심할우	괴로워할뇌

> 뜻에 맞게 대답해주되 인연과 비유를 들어서 알기 쉽게
> 자세히 분별하여 설명하여라. 이러한 방편으로써 듣는 사람
> 모두 발심케 하여 점점 공덕을 쌓아서 불도에 들게끔 하여라.
> 게으른 마음과 나태한 생각을 없애고 여러 쓸데없는 근심 걱정 떠나

자	심	설	법		주	야	상	설
慈	心	說	法		晝	夜	常	說
사랑 자	마음 심	말씀 설	법 법		낮 주	밤 야	항상 상	말씀 설

무	상	도	교		이	제	인	연
無	上	道	敎		以	諸	因	緣
없을 무	위 상	길 도	가르침 교		써 이	모든 제	인할 인	인연 연

무	량	비	유		개	시	중	생
無	量	譬	喩		開	示	衆	生
없을 무	헤아릴 량	비유할 비	비유할 유		열 개	보일 시	무리 중	날 생

함	령	환	희		의	복	와	구
咸	令	歡	喜		衣	服	臥	具
다 함	하여금 령	기쁠 환	기쁠 희		옷 의	옷 복	누울 와	갖출 구

음	식	의	약		이	어	기	중
飮	食	醫	藥		而	於	其	中
마실 음	먹을 식	의원 의	약 약		말이을 이	어조사 어	그 기	가운데 중

오로지 자비한 마음으로 법을 설해야 하나니, 밤낮으로 늘 위없이 높은
진리의 가르침 설하되 갖가지 인연 이야기와 한량없는 비유로써 중생들에게
최고 가르침을 열어 보여 듣는 사람들 모두 즐겁고 기쁘게 하여라.
그렇지만 혹여 그 답례로 의복이나 이부자리·음식이나 의약품 등 그 중에

무	소	희	망		단	일	심	념
無	所	悕	望		但	一	心	念
없을무	바소	원할희	바랄망		다만단	한일	마음심	생각할념

설	법	인	연		원	성	불	도
說	法	因	緣		願	成	佛	道
말씀설	법법	인할인	인연연		원할원	이룰성	부처불	길도

영	중	역	이		시	즉	대	리
令	衆	亦	爾		是	則	大	利
하여금영	무리중	또역	그이		이시	곧즉	큰대	이로울리

안	락	공	양		아	멸	도	후
安	樂	供	養		我	滅	度	後
편안할안	즐길락	이바지할공	기를양		나아	멸할멸	건널도	뒤후

약	유	비	구		능	연	설	사
若	有	比	丘		能	演	說	斯
만약약	있을유	견줄비	언덕구		능할능	펼연	말씀설	이사

한 가지도 바라지 말고, 다만 일심으로 염원하기를 설법의 인연으로
반드시 불도를 이루고 듣는 청중들도 똑같이 불도 이루기만 바랄지니
이것이야말로 큰 이익이며 안락한 공양이로다.
내 열반한 뒤 어떤 비구라도 능히 이렇게

묘	법	화	경		심	무	질	에	
妙	法	華	經		心	無	嫉	恚	
묘할묘	법법	꽃화	경경		마음심	없을무	투기할질	성낼에	

제	뇌	장	애		역	무	우	수	
諸	惱	障	礙		亦	無	憂	愁	
모든제	괴로워할뇌	막을장	거리낄애		또역	없을무	근심할우	시름수	

급	매	리	자		우	무	포	외	
及	罵	詈	者		又	無	怖	畏	
및 급	욕할매	꾸짖을리	놈자		또우	없을무	두려워할포	두려워할외	

가	도	장	등		역	무	빈	출	
加	刀	杖	等		亦	無	擯	出	
더할가	칼도	지팡이장	무리등		또역	없을무	물리칠빈	날출	

안	주	인	고		지	자	여	시	
安	住	忍	故		智	者	如	是	
편안할안	머물주	참을인	연고고		슬기지	놈자	같을여	이 시	

> 묘법연화경을 연설할 수 있다면 마음에 질투와 성냄 등 온갖 번뇌와 장애가 사라져
> 근심할 것도 없고 걱정할 것도 없으며, 누구도 그를 욕하거나 꾸짖을 수 없고
> 또 두렵게 할 수도 없을 뿐만 아니라 칼·몽둥이 따위로 때리거나 쫓아낼 수도 없나니
> 바로 인욕에 안주했기 때문이니라. 지혜로운 자가 이와 같이

선	수	기	심		능	주	안	락
善	修	其	心		能	住	安	樂
착할선	닦을수	그기	마음심		능할능	머물주	편안할안	즐길락

여	아	상	설		기	인	공	덕
如	我	上	說		其	人	功	德
같을여	나아	위상	말씀설		그기	사람인	공공	덕덕

천	만	억	겁		산	수	비	유
千	萬	億	劫		算	數	譬	喩
일천천	일만만	억억	겁겁		셀산	셀수	비유할비	비유할유

설	불	능	진		우	문	수	사	리
說	不	能	盡		又	文	殊	師	利
말씀설	아닐불	능할능	다할진		또우	글월문	뛰어날수	스승사	이로울리

보	살	마	하	살		어	후	말	세
菩	薩	摩	訶	薩		於	後	末	世
보리보	보살살	갈마	꾸짖을가(하)	보살살		어조사어	뒤후	끝말	세상세

그 마음을 잘 닦는다면 내 앞서 말한 대로 능히 안락함에 머물 수 있으리니,
그 사람의 공덕은 천만억 겁의 세월 동안에
어떤 숫자나 비유로도 능히 다 말할 수 없으리라.
"또 문수사리보살이여! 보살마하살이 미래 말법 세상에서

법	욕	멸	시		수	지	독	송
法	欲	滅	時		受	持	讀	誦
법법	하고자할욕	멸할멸	때시		받을수	가질지	읽을독	외울송

사	경	전	자		무	회	질	투
斯	經	典	者		無	懷	嫉	妬
이사	경경	법전	놈자		없을무	품을회	투기할질	투기할투

첨	광	지	심		역	물	경	매
諂	誑	之	心		亦	勿	輕	罵
아첨할첨	속일광	어조사지	마음심		또역	말물	가벼울경	욕할매

학	불	도	자		구	기	장	단
學	佛	道	者		求	其	長	短
배울학	부처불	길도	놈자		구할구	그기	길장	짧을단

약	비	구	비	구	니	우	바	새
若	比	丘	比	丘	尼	優	婆	塞
만약약	견줄비	언덕구	견줄비	언덕구	여승니	넉넉할우	할미 파(바)	변방새

법이 없어지려고 할 때, 이 경전을 받아 지니고 읽고 외우는 사람은
질투하고 아첨하며 속이는 마음을 품지 말아야 하느니라.
또한 불도를 공부하는 자에 대해 가볍게 여겨 나무라거나,
그의 잘잘못을 찾아내려 해서도 안 되느니라. 설사 성문을 구하거나

우	바	이		구	성	문	자		구
優	婆	夷		求	聲	聞	者		求
넉넉할우	할미 파(바)	오랑캐 이		구할구	소리 성	들을문	놈자		구할구

벽	지	불	자		구	보	살	도	자
辟	支	佛	者		求	菩	薩	道	者
임금벽	지탱할지	부처불	놈자		구할구	보리보	보살살	길도	놈자

무	득	뇌	지		영	기	의	회
無	得	惱	之		令	其	疑	悔
없을무	얻을득	괴로워할뇌	어조사지		하여금영	그기	의심할의	뉘우칠회

어	기	인	언		여	등		거	도
語	其	人	言		汝	等		去	道
말씀어	그기	사람인	말씀언		너여	무리등		갈거	길도

심	원		종	불	능	득		일	체
甚	遠		終	不	能	得		一	切
심할심	멀원		마침내종	아닐불	능할능	얻을득		한일	모두체

벽지불을 구하거나 보살도를 구하는 비구·비구니·우바새·우바이들이 있더라도,
그들을 괴롭혀서 곤혹스럽게 하려고 다음과 같이 말해서는 안 되느니라.
'너희들은 진리와 거리가 너무 떨어져서
마침내 일체종지를 얻을 수 없을 것이다.

종	지		소	이	자	하		여	시
種	智		所	以	者	何		汝	是
종류종	슬기지		바소	써이	놈자	어찌하		너여	이시

방	일	지	인		어	도	해	태	고
放	逸	之	人		於	道	懈	怠	故
놓을방	놓을일	어조사지	사람인		어조사어	길도	게으를해	게으를태	연고고

우	역	불	응		희	론	제	법	
又	亦	不	應		戲	論	諸	法	
또우	또역	아닐불	응당히응		장난할희	의논할론	모든제	법법	

유	소	쟁	경		당	어	일	체	중
有	所	諍	競		當	於	一	切	衆
있을유	바소	다툴쟁	다툴경		마땅히당	어조사어	한일	모두체	무리중

생		기	대	비	상		어	제	여
生		起	大	悲	想		於	諸	如
날생		일어날기	큰대	슬플비	생각상		어조사어	모든제	같을여

왜냐하면 너희들은 방일하기 짝이 없는 사람들로
도를 닦는 데 너무 게으르기 때문이다.'
또 응당 모든 법을 희론하여 다투는 일이 있어서도 안 되느니라.
그리고 마땅히 일체 중생들을 크게 불쌍히 여기며,

래 來		기 起	자 慈	부 父	상 想		어 於	제 諸	보 菩
올래		일어날기	사랑자	아비부	생각상		어조사어	모든제	보리보
살 薩		기 起	대 大	사 師	상 想		어 於	시 十	방 方
보살살		일어날기	큰대	스승사	생각상		어조사어	열십(시)	방위방
제 諸	대 大	보 菩	살 薩		상 常	응 應	심 深	심 心	
모든제	큰대	보리보	보살살		항상상	응당히응	깊을심	마음심	
공 恭	경 敬	예 禮	배 拜		어 於	일 一	체 切	중 衆	생 生
공손할공	공경할경	예도예	절배		어조사어	한일	모두체	무리중	날생
평 平	등 等	설 說	법 法		이 以	순 順	법 法	고 故	
평평할평	같을등	말씀설	법법		써이	순할순	법법	연고고	

모든 여래를 인자하신 아버지라고 생각해야 하느니라.
또 모든 보살들을 큰 스승으로 생각해서, 시방의 여러 대보살들을
항상 마음속 깊이 공경하고 예배해야 하느니라.
또한 모든 중생들에게 평등하게 설법하되, 법에 수순하는 까닭에

부	다	불	소		내	지	심	애	법
不	多	不	少		乃	至	深	愛	法
아닐부	많을다	아닐불	적을소		이에내	이를지	깊을심	사랑할애	법법

자		역	불	위	다	설		문	수
者		亦	不	爲	多	說		文	殊
놈자		또역	아닐불	할위	많을다	말씀설		글월문	뛰어날수

사	리		시	보	살	마	하		살
師	利		是	菩	薩	摩	訶		薩
스승사	이로울리		이시	보리보	보살살	갈마	꾸짖을가(하)		보살살

어	후	말	세		법	욕	멸	시	
於	後	末	世		法	欲	滅	時	
어조사어	뒤후	끝말	세상세		법법	하고자할욕	멸할멸	때시	

유	성	취	시		제	삼	안	락	행
有	成	就	是		第	三	安	樂	行
있을유	이룰성	이룰취	이시		차례제	석삼	편안할안	즐길락	행할행

가르침을 더하지도 말고 빼지도 말아야 하느니라. 심지어
법을 깊이 사랑하는 자일지라도 역시 지나치게 많이 보태 설해서는 안 되느니라.
문수사리보살이여! 보살마하살이 미래 말법 세상에 법이 없어지려고 할 때
이 세 번째 안락한 행법을 성취한다면,

자		설	시	법	시		무	능	뇌
者		說	是	法	時		無	能	惱
놈자		말씀설	이시	법법	때시		없을무	능할능	괴로워할뇌

란		득	호	동	학		공	독	송
亂		得	好	同	學		共	讀	誦
어지러울란		얻을득	좋을호	한가지동	배울학		함께공	읽을독	외울송

시	경		역	득	대	중		이	래
是	經		亦	得	大	衆		而	來
이시	경경		또역	얻을득	큰대	무리중		말이을이	올래

청	수		청	이	능	지		지	이
聽	受		聽	已	能	持		持	已
들을청	받을수		들을청	마칠이	능할능	가질지		가질지	마칠이

능	송		송	이	능	설		설	이
能	誦		誦	已	能	說		說	已
능할능	외울송		외울송	마칠이	능할능	말씀설		말씀설	마칠이

이 가르침을 설할 때 어떤 것도 그를 괴롭힐 수 없으리라. 좋은 도반을 얻어서
함께 이 경전을 읽고 외우며, 또한 대중들이 찾아와서 가르침을 듣고 받으리라.
대중들이 법을 들은 뒤에는 능히 간직할 것이고, 간직한 뒤에는 능히 외우며
외운 뒤에는 설할 수 있으리라. 또 설한 다음에는

능	서		약	사	인	서		공	양
能	書		若	使	人	書		供	養
능할능	쓸서		만약약	하여금사	사람인	쓸서		이바지할공	기를양

경	권		공	경	존	중	찬	탄
經	卷		恭	敬	尊	重	讚	歎
경경	책권		공손할공	공경할경	높을존	무거울중	칭찬할찬	찬탄할탄

이	시	세	존		욕	중	선	차	의
爾	時	世	尊		欲	重	宣	此	義
그이	때시	세상세	높을존		하고자할욕	거듭할중	베풀선	이차	의미의

이	설	게	언		약	욕	설	시	경
而	說	偈	言		若	欲	說	是	經
말이을이	말씀설	게송게	말씀언		만약약	하고자할욕	말씀설	이시	경경

당	사	질	에	만		첨	광	사	위
當	捨	嫉	恚	慢		諂	誑	邪	偽
마땅히당	버릴사	투기할질	성낼에	거만할만		아첨할첨	속일광	간사할사	거짓위

능히 쓰거나 남을 시켜 쓰게 할 뿐 아니라, 경책에 공양하며 공경하고 존중히 찬탄하리라."
그때 세존께서 거듭 의미를 표현하시고자 게송으로 말씀하셨다.
　　만약 법화경을 연설하려거든 마땅히 질투하고 성내며 교만한 마음과
　　　아첨하고 기만하며 삿되고 거짓된 마음 다 버리고

심		상	수	질	직	행		불	경
心		常	修	質	直	行		不	輕
마음심		항상상	닦을수	바탕질	곧을직	행할행		아닐불	가벼울경

멸	어	인		역	불	희	론	법	
蔑	於	人		亦	不	戲	論	法	
업신여길멸	어조사어	사람인		또역	아닐불	장난할희	의논할론	법법	

불	령	타	의	회		운	여	부	득
不	令	他	疑	悔		云	汝	不	得
아닐불	하여금령	다를타	의심할의	뉘우칠회		이를운	너여	아닐부	얻을득

불		시	불	자	설	법		상	유
佛		是	佛	子	說	法		常	柔
부처불		이시	부처불	아들자	말씀설	법법		항상상	부드러울유

화	능	인		자	비	어	일	체	
和	能	忍		慈	悲	於	一	切	
화평할화	능할능	참을인		사랑자	슬플비	어조사어	한일	모두체	

항상 바르고 정직한 행을 닦도록 하여라. 남을 가벼이 업신여기지 말며
또한 법을 함부로 희론하지 말고 '네까짓 게 무슨 성불이냐!' 말하여
남들로 하여금 곤혹스럽게 하지 말라. 불자가 설법하려면
항상 부드럽고 온화하게 잘 참으며 일체를 사랑하고 불쌍히 여김과 동시에

불	생	해	태	심		시	방	대	보
不	生	懈	怠	心		十	方	大	菩
아닐 불	날 생	게으를 해	게으를 태	마음 심		열 십(시)	방위 방	큰 대	보리 보

살		민	중	고	행	도		응	생
薩		愍	衆	故	行	道		應	生
보살 살		가엾을 민	무리 중	연고 고	행할 행	길 도		응당히 응	날 생

공	경	심		시	즉	아	대	사	
恭	敬	心		是	則	我	大	師	
공손할 공	공경할 경	마음 심		이 시	곧 즉	나 아	큰 대	스승 사	

어	제	불	세	존		생	무	상	부
於	諸	佛	世	尊		生	無	上	父
어조사 어	모든 제	부처 불	세상 세	높을 존		날 생	없을 무	위 상	아비 부

상		파	어	교	만	심		설	법
想		破	於	憍	慢	心		說	法
생각 상		깨뜨릴 파	어조사 어	교만할 교	거만할 만	마음 심		말씀 설	법 법

게으른 마음을 내지 말아야 하느니라.
시방의 모든 대보살들도 중생을 가엾이 여겨 도를 수행하시니
응당 공경하는 마음을 내어 거룩하신 스승님으로 섬기고,
모든 부처님 세존을 위없이 가장 좋은 아버지로 생각하여 교만한 마음을 깨뜨린다면

무	장	애		제	삼	법	여	시	
無	障	礙		第	三	法	如	是	
없을무	막을장	거리낄애		차례제	석삼	법법	같을여	이시	

지	자	응	수	호		일	심	안	락
智	者	應	守	護		一	心	安	樂
슬기지	놈자	응당히응	지킬수	보호할호		한일	마음심	편안할안	즐길락

행		무	량	중	소	경		우	문
行		無	量	衆	所	敬		又	文
행할행		없을무	헤아릴량	무리중	바소	공경할경		또우	글월문

수	사	리		보	살	마	하	살	
殊	師	利		菩	薩	摩	訶	薩	
뛰어날수	스승사	이로울리		보리보	보살살	갈마	꾸짖을가(하)	보살살	

어	후	말	세		법	욕	멸	시	
於	後	末	世		法	欲	滅	時	
어조사어	뒤후	끝말	세상세		법법	하고자할욕	멸할멸	때시	

설법하는 데 아무런 장애가 없으리라.
세 번째 행법 이와 같으니 지혜로운 자가 잘 지켜서
일심으로 안락한 행법을 따른다면 한량없는 중생들이 공경하리라.
"또 문수사리보살이여! 보살마하살로서 미래 말법 세상에 법이 없어지려고 할 때

유	지	시	법	화	경	자		어	재
有	持	是	法	華	經	者		於	在
있을유	가질지	이시	법법	꽃화	경경	놈자		어조사어	있을재

가	출	가	인	중		생	대	자	심
家	出	家	人	中		生	大	慈	心
집가	날출	집가	사람인	가운데중		날생	큰대	사랑자	마음심

어	비	보	살	인	중		생	대	비
於	非	菩	薩	人	中		生	大	悲
어조사어	아닐비	보리보	보살살	사람인	가운데중		날생	큰대	슬플비

심		응	작	시	념		여	시	지
心		應	作	是	念		如	是	之
마음심		응당히응	지을작	이시	생각념		같을여	이시	어조사지

인		즉	위	대	실		여	래	방
人		則	爲	大	失		如	來	方
사람인		곧즉	할위	큰대	잃을실		같을여	올래	처방방

이 법화경을 간직하는 자가 있다면, 재가 신도나 출가한 스님들께
크게 자비한 마음을 내어야 하느니라. 또한 보살이 아닌 다른 사람들에게는
크게 불쌍히 여기는 마음을 내어서, 응당 다음과 같이 생각해야 하느니라.
'아, 이 사람들이 엄청나게 큰 손실을 보겠구나. 여래께서 방편으로

편		수	의	설	법		불	문	부
便		隨	宜	說	法		不	聞	不
편할편		따를수	마땅할의	말씀설	법법		아닐불	들을문	아닐부

지		불	각	불	문		불	신	불
知		不	覺	不	問		不	信	不
알지		아닐불	깨달을각	아닐불	물을문		아닐불	믿을신	아닐불

해		기	인		수	불	문	불	신
解		其	人		雖	不	問	不	信
풀해		그기	사람인		비록수	아닐불	물을문	아닐불	믿을신

불	해	시	경		아	득	아	뇩	다
不	解	是	經		我	得	阿	耨	多
아닐불	풀해	이시	경경		나아	얻을득	언덕아	김맬누(뇩)	많을다

라	삼	막	삼	보	리	시		수	재
羅	三	藐	三	菩	提	時		隨	在
새그물라	석삼	아득할막(먁)	석삼	보리보	끌제(리)	때시		따를수	있을재

근기에 맞게 설법하셨거늘, 그런 것에 대해 전혀 듣지 못하고 알지 못하며
깨닫지 못하고 묻지도 못하며 믿지 못하고 이해하지 못하다니…….
그러나 이 사람들이 지금은 비록 이 경전에 대해 묻지도 못하고
믿거나 이해하지도 못하지만, 내가 아뇩다라삼먁삼보리를 얻을 때에는

하	지		이	신	통	력		지	혜
何	地		以	神	通	力		智	慧
어찌 하	땅 지		써 이	신통할 신	통할 통	힘 력		슬기 지	지혜 혜

력	인	지		영	득	주	시	법	중
力	引	之		令	得	住	是	法	中
힘 력	끌 인	어조사 지		하여금 영	얻을 득	머물 주	이 시	법 법	가운데 중

문	수	사	리		시	보	살	마	하
文	殊	師	利		是	菩	薩	摩	訶
글월 문	뛰어날 수	스승 사	이로울 리		이 시	보리 보	보살 살	갈 마	꾸짖을 가(하)

살		어	여	래	멸	후		유	성
薩		於	如	來	滅	後		有	成
보살 살		어조사 어	같을 여	올 래	멸할 멸	뒤 후		있을 유	이룰 성

취	차		제	사	법	자		설	시
就	此		第	四	法	者		說	是
이룰 취	이 차		차례 제	넉 사	법 법	놈 자		말씀 설	이 시

반드시 어느 곳에 중생이 있든지 신통력과 지혜의 힘으로써 인도하여
꼭 이 가르침 안에 머물게 하리라!'
문수사리보살이여!
보살마하살로서 여래가 열반한 뒤 이 네 번째 행법을 성취하는 자가 있다면,

법	시		무	유	과	실		상	위
法	時		無	有	過	失		常	爲
법법	때시		없을무	있을유	허물과	잃을실		항상상	할위

비	구	비	구	니		우	바	새	우
比	丘	比	丘	尼		優	婆	塞	優
견줄비	언덕구	견줄비	언덕구	여승니		넉넉할우	할미 파(바)	변방새	넉넉할우

바	이		국	왕	왕	자		대	신
婆	夷		國	王	王	子		大	臣
할미 파(바)	오랑캐 이		나라국	임금왕	임금왕	아들자		큰대	신하신

인	민		바	라	문	거	사	등	
人	民		婆	羅	門	居	士	等	
사람인	백성민		할미 파(바)	새그물 라	문문	살거	선비사	무리등	

공	양	공	경		존	중	찬	탄	
供	養	恭	敬		尊	重	讚	歎	
이바지할공	기를양	공손할공	공경할경		높을존	무거울중	칭찬할찬	찬탄할탄	

> 이 가르침을 연설할 때에 아무런 과실이 없으리라.
> 그래서 항상 비구·비구니·우바새·우바이·
> 국왕·왕자·대신·백성·바라문·거사들이
> 공양하고 공경하며 존중히 찬탄하리라.

허	공	제	천		위	청	법	고
虛	空	諸	天		爲	聽	法	故
빌허	빌공	모든제	하늘천		위할위	들을청	법법	연고고

역	상	수	시		약	재	취	락	성
亦	常	隨	侍		若	在	聚	落	城
또역	항상상	따를수	모실시		만약약	있을재	마을취	촌락락	성성

읍		공	한	림	중		유	인	래
邑		空	閑	林	中		有	人	來
고을읍		빌공	한가할한	수풀림	가운데중		있을유	사람인	올래

욕	난	문	자		제	천	주	야
欲	難	問	者		諸	天	晝	夜
하고자할욕	어려울난	물을문	놈자		모든제	하늘천	낮주	밤야

상	위	법	고		이	위	호	지
常	爲	法	故		而	衛	護	之
항상상	위할위	법법	연고고		말이을이	호위할위	보호할호	어조사지

또한 허공의 모든 하늘나라 천신들도 법을 듣기 위해 늘 따라다니며 모시리라.
혹시 마을이나 도시 또는 한적한 숲 속에 있을 때
어떤 사람이 와서 어려운 것을 묻더라도,
모든 하늘천신들이 밤낮으로 항상 법을 위해 호위하므로

능	령	청	자		개	득	환	희
能	令	聽	者		皆	得	歡	喜
능할능	하여금령	들을청	놈자		다개	얻을득	기쁠환	기쁠희

소	이	자	하		차	경		시	일
所	以	者	何		此	經		是	一
바소	써이	놈자	어찌하		이차	경경		이시	한일

체	과	거	미	래		현	재	제	불
切	過	去	未	來		現	在	諸	佛
모두체	지날과	갈거	아닐미	올래		지금현	있을재	모든제	부처불

신	력	소	호	고		문	수	사	리
神	力	所	護	故		文	殊	師	利
신통할신	힘력	바소	보호할호	연고고		글월문	뛰어날수	스승사	이로울리

시	법	화	경		어	무	량	국	중
是	法	華	經		於	無	量	國	中
이시	법법	꽃화	경경		어조사어	없을무	헤아릴량	나라국	가운데중

듣는 자로 하여금 모두 기쁘게 할 수 있으리라.
왜냐하면 이 경은 바로 과거 현재 미래의 일체 부처님들께서
신통력으로 보호해주시기 때문이니라. 문수사리보살이여!
이 법화경은 한량없이 많은 세계 가운데에서

내	지	명	자		불	가	득	문
乃	至	名	字		不	可	得	聞
이에내	이를지	이름명	글자자		아닐불	가히 가	얻을득	들을문

하	황	득	견		수	지	독	송
何	況	得	見		受	持	讀	誦
어찌 하	하물며 황	얻을득	볼견		받을수	가질지	읽을독	외울송

문	수	사	리		비	여	강	력
文	殊	師	利		譬	如	強	力
글월문	뛰어날수	스승사	이로울리		비유할비	같을여	굳셀강	힘력

전	륜	성	왕		욕	이	위	세
轉	輪	聖	王		欲	以	威	勢
구를전	바퀴 륜	성인 성	임금 왕		하고자할욕	써 이	위엄 위	기세 세

항	복	제	국		이	제	소	왕
降	伏	諸	國		而	諸	小	王
항복할항	엎드릴복	모든제	나라국		말이을이	모든제	작을소	임금 왕

심지어 그 이름조차 듣기가 어렵거늘, 하물며 직접 경전을 보고서
받아 지니고 읽고 외우는 일이란 얼마나 어려운 일이 되겠느냐!
문수사리보살이여! 예를 들어 강력한 전륜성왕이 그 당당한 위세로써
모든 나라들을 항복시키려고 하는데, 여러 작은 나라 왕들이

불	순	기	명		시	전	륜	왕
不	順	其	命		時	轉	輪	王
아닐불	순할순	그기	명령할명		때시	구를전	바퀴륜	임금왕

기	종	종	병		이	왕	토	벌
起	種	種	兵		而	往	討	伐
일어날기	종류종	종류종	군사병		말이을이	갈왕	칠토	칠벌

왕	견	병	중		전	유	공	자
王	見	兵	衆		戰	有	功	者
임금왕	볼견	군사병	무리중		싸울전	있을유	공공	놈자

즉	대	환	희		수	공	상	사
卽	大	歡	喜		隨	功	賞	賜
곧즉	큰대	기쁠환	기쁠희		따를수	공공	상줄상	줄사

혹	여	전	택		취	락	성	읍
或	與	田	宅		聚	落	城	邑
혹혹	줄여	밭전	집택		마을취	촌락락	성성	고을읍

명령에 순종하지 않는다면 전륜성왕은 당장 여러 군사들을 거느리고 토벌하러 가리라.
이윽고 왕은 병사들 중에서 싸움에 공이 있는 자를 보면
크게 환희하여 공로에 따라 상을 주나니,
논밭이나 집 또는 마을과 도시를 상으로 주기도 하며

혹	여	의	복		엄	신	지	구	
或	與	衣	服		嚴	身	之	具	
혹혹	줄여	옷의	옷복		엄할엄	몸신	어조사지	갖출구	

혹	여	종	종	진	보		금	은	유
或	與	種	種	珍	寶		金	銀	琉
혹혹	줄여	종류종	종류종	보배진	보배보		쇠금	은은	유리유

리		자	거	마	노		산	호	호
璃		硨	磲	瑪	瑙		珊	瑚	琥
유리리		옥돌자	옥돌거	마노마	마노노		산호산	산호호	호박호

박		상	마	거	승		노	비	인
珀		象	馬	車	乘		奴	婢	人
호박박		코끼리상	말마	수레거	탈승		종노	여자종비	사람인

민		유	계	중	명	주		불	이
民		唯	髻	中	明	珠		不	以
백성민		오직유	상투계	가운데중	밝을명	구슬주		아닐불	써이

혹은 의복이나 몸을 단장하는 장신구를 주기도 하리라.
또 여러 가지 보배인 금·은·유리·자거·마노·산호·호박과
코끼리·말·수레 따위와 혹은 노비와 백성들을 주리라.
그러나 오직 상투 속에 간직한 밝은 구슬만은

여	지		소	이	자	하		독	왕
與	之		所	以	者	何		獨	王
줄여	어조사지		바소	써이	놈자	어찌하		홀로독	임금왕

정	상		유	차	일	주		약	이
頂	上		有	此	一	珠		若	以
정수리정	위상		있을유	이차	한일	구슬주		만약약	써이

여	지		왕	제	권	속		필	대
與	之		王	諸	眷	屬		必	大
줄여	어조사지		임금왕	모든제	돌아볼권	무리속		반드시필	큰대

경	괴		문	수	사	리		여	래
驚	怪		文	殊	師	利		如	來
놀랄경	기이할괴		글월문	뛰어날수	스승사	이로울리		같을여	올래

역	부	여	시		이	선	정	지	혜
亦	復	如	是		以	禪	定	智	慧
또역	다시부	같을여	이시		써이	고요할선	선정정	슬기지	지혜혜

주지 않는 법이니, 왜냐하면 이 구슬은 세상에서 오직 하나
전륜성왕의 정수리에만 있기 때문이니라. 이 구슬까지 준다면
왕의 모든 권속들은 반드시 크게 놀라서 어리둥절해 하리라.
문수사리보살이여! 여래도 또한 그와 같아서 선정과 지혜의 힘으로써,

력		득	법	국	토		왕	어	삼
力		得	法	國	土		王	於	三
힘력		얻을득	법법	나라국	흙토		임금왕	어조사어	석삼

계		이	제	마	왕		불	긍	순
界		而	諸	魔	王		不	肯	順
지경계		말이을이	모든제	마귀마	임금왕		아닐불	즐길긍	순할순

복		여	래	현	성	제	장		여
伏		如	來	賢	聖	諸	將		與
엎드릴복		같을여	올래	어질현	성인성	모든제	장수장		더불어여

지	공	전		기	유	공	자		심
之	共	戰		其	有	功	者		心
어조사지	함께공	싸울전		그기	있을유	공공	놈자		마음심

역	환	희		어	사	중	중		위
亦	歡	喜		於	四	衆	中		爲
또역	기쁠환	기쁠희		어조사어	넉사	무리중	가운데중		할위

법의 국토를 얻어 삼계의 왕이 되었느니라. 그런데 모든 마왕들이
기꺼이 순종하지 않으면 여래의 모든 장수들, 곧 현자와 성인들이
마왕들과 함께 싸우느니라. 그리하여 싸움에 공로가 있는 자에게는
여래도 역시 마음으로 환희하며, 사부대중 가운데에서

설 說	제 諸	경 經		영 令	기 其	심 心	열 悅	사 賜
말씀설	모든제	경경		하여금영	그기	마음심	기쁠열	줄사

이 以	선 禪	정 定	해 解	탈 脫		무 無	루 漏	근 根	력 力
써이	고요할선	선정정	풀해	벗을탈		없을무	샐루	뿌리근	힘력

제 諸	법 法	지 之	재 財		우 又	부 復	사 賜	여 與
모든제	법법	어조사지	재물재		또우	다시부	줄사	줄여

열 涅	반 槃	지 之	성 城		언 言	득 得	멸 滅	도 度
개흙열	쟁반반	어조사지	성성		말씀언	얻을득	멸할멸	건널도

인 引	도 導	기 其	심 心		영 令	개 皆	환 歡	희 喜
끌인	이끌도	그기	마음심		하여금영	다개	기쁠환	기쁠희

여러 경전들을 설해 그들 마음을 기쁘게 하느니라.
그래서 선정과 해탈, 무루의 오근과 오력 등 많은 법의 재물을 나눠주느니라.
게다가 또 열반의 성읍을 주며 열반을 얻었다고 말하여,
그들 마음을 인도해 모두 환희롭게 하느니라.

이	불	위	설		시	법	화	경
而	不	爲	說		是	法	華	經
말이을이	아닐불	할위	말씀설		이시	법법	꽃화	경경

문	수	사	리		여	전	륜	왕
文	殊	師	利		如	轉	輪	王
글월문	뛰어날수	스승사	이로울리		같을여	구를전	바퀴륜	임금왕

견	제	병	중		유	대	공	자
見	諸	兵	衆		有	大	功	者
볼견	모든제	군사병	무리중		있을유	큰대	공공	놈자

심	심	환	희		이	차	난	신	지
心	甚	歡	喜		以	此	難	信	之
마음심	심할심	기쁠환	기쁠희		써이	이차	어려울난	믿을신	어조사지

주		구	재	계	중		불	망	여
珠		久	在	髻	中		不	妄	與
구슬주		오랠구	있을재	상투계	가운데중		아닐불	허망할망	줄여

그렇지만 이 법화경만은 쉽사리 설해주지 않는 법이니라.
문수사리보살이여! 그러나 저 전륜성왕이 모든 군사들 가운데에서
공로가 가장 탁월한 자를 보게 된다면 마음속으로 아주 크게 환희하리라.
그래서 믿기 어려운 보배구슬을 상투 속에 오랫동안 간직한 채 함부로 남에게

인		이	금	여	지		여	래	
人		而	今	與	之		如	來	
사람인		말이을이	이제금	줄여	어조사지		같을여	올래	

역	부	여	시		어	삼	계	중
亦	復	如	是		於	三	界	中
또역	다시부	같을여	이시		어조사어	석삼	지경계	가운데중

위	대	법	왕		이	법	교	화
爲	大	法	王		以	法	敎	化
할위	큰대	법법	임금왕		써이	법법	가르칠교	화할화

일	체	중	생		견	현	성	군
一	切	衆	生		見	賢	聖	軍
한일	모두체	무리중	날생		볼견	어질현	성인성	군사군

여	오	음	마		번	뇌	마		사
與	五	陰	魔		煩	惱	魔		死
더불어여	다섯오	응달음	마귀마		괴로워할번	괴로워할뇌	마귀마		죽을사

보여주지 않다가 그제서야 내어 주느니라.
여래도 역시 그와 마찬가지로 삼계 가운데 대법왕이 되어,
바른 법으로써 일체 중생들을 교화하느니라.
그런데 현자와 성인 군사들이 오음마·번뇌마·

마	공	전		유	대	공	훈		멸
魔	共	戰		有	大	功	勳		滅
마귀 마	함께 공	싸울 전		있을 유	큰 대	공 공	공훈 훈		멸할 멸

삼	독		출	삼	계		파	마	망
三	毒		出	三	界		破	魔	網
석 삼	독 독		날 출	석 삼	지경 계		깨뜨릴 파	마귀 마	그물 망

이	시	여	래		역	대	환	희	
爾	時	如	來		亦	大	歡	喜	
그 이	때 시	같을 여	올 래		또 역	큰 대	기쁠 환	기쁠 희	

차	법	화	경		능	령	중	생	
此	法	華	經		能	令	衆	生	
이 차	법 법	꽃 화	경 경		능할 능	하여금 령	무리 중	날 생	

지	일	체	지		일	체	세	간	
至	一	切	智		一	切	世	間	
이를 지	한 일	모두 체	슬기 지		한 일	모두 체	세상 세	사이 간	

사마 따위 등과 함께 싸워서 큰 공훈을 세우고, 삼독을 없앰은 물론
삼계에서 벗어나 마왕의 그물까지 깨뜨리는 걸 보게 된다면
여래도 그때 크게 환희하리라. 능히 법화경이
중생들을 일체지에 이르게 할 수 있지만, 모든 세간에

다	원	난	신		선	소	미	설
多	怨	難	信		先	所	未	說
많을다	원망할원	어려울난	믿을신		먼저선	바소	아닐미	말씀설

이	금	설	지		문	수	사	리
而	今	說	之		文	殊	師	利
말이을이	이제금	말씀설	어조사지		글월문	뛰어날수	스승사	이로울리

차	법	화	경		시	제	여	래
此	法	華	經		是	諸	如	來
이차	법법	꽃화	경경		이시	모든제	같을여	올래

제	일	지	설		어	제	설	중
第	一	之	說		於	諸	說	中
차례제	한일	어조사지	말씀설		어조사어	모든제	말씀설	가운데중

최	위	심	심		말	후	사	여
最	爲	甚	深		末	後	賜	與
가장최	할위	심할심	깊을심		끝말	뒤후	줄사	줄여

원망이 많아서 잘 믿기가 어렵기에 여태까지 설하지 않고 있다가
그제서야 설해주는 것이니라. 문수사리보살이여!
이 법화경은 바로 모든 여래의 제일 으뜸가는 설법이니라.
즉 모든 설법 가운데에서 그 뜻이 가장 심오하여 맨 나중에야 설하는 것이니라.

여	피	강	력	지	왕		구	호	명
如	彼	強	力	之	王		久	護	明
같을여	저피	굳셀강	힘력	어조사지	임금왕		오랠구	보호할호	밝을명

주		금	내	여	지		문	수	사
珠		今	乃	與	之		文	殊	師
구슬주		이제금	이에내	줄여	어조사지		글월문	뛰어날수	스승사

리		차	법	화	경		제	불	여
利		此	法	華	經		諸	佛	如
이로울리		이차	법법	꽃화	경경		모든제	부처불	같을여

래		비	밀	지	장		어	제	경
來		秘	密	之	藏		於	諸	經
올래		숨길비	은밀할밀	어조사지	곳간장		어조사어	모든제	경경

중		최	재	기	상		장	야	수
中		最	在	其	上		長	夜	守
가운데중		가장최	있을재	그기	위상		길장	밤야	지킬수

마치 저 힘센 전륜성왕이 오랫동안 밝은 구슬을 간직하다
나중에서야 주는 것과 마찬가지니라. 문수사리보살이여!
이 법화경은 모든 부처님 여래의 비밀한 법장으로
모든 경전들 가운데 가장 최고이니라. 그래서 기나긴 세월 동안

호		불	망	선	설		시	어	금
護		不	妄	宣	說		始	於	今
보호할 호		아닐 불	허망할 망	베풀 선	말씀 설		처음 시	어조사 어	이제 금

일		내	여	여	등		이	부	연
日		乃	與	汝	等		而	敷	演
날 일		이에 내	줄 여	너 여	무리 등		말이을 이	펼 부	펼 연

지		이	시	세	존		욕	중	선
之		爾	時	世	尊		欲	重	宣
어조사 지		그 이	때 시	세상 세	높을 존		하고자할 욕	거듭할 중	베풀 선

차	의	이	설	게	언			상	행
此	義	而	說	偈	言			常	行
이 차	의미 의	말이을 이	말씀 설	게송 게	말씀 언			항상 상	행할 행

인	욕	애	민	일	체			내	능
忍	辱	哀	愍	一	切			乃	能
참을 인	욕될 욕	슬플 애	가엾을 민	한 일	모두 체			이에 내	능할 능

수호하며 함부로 말하지 않고 있다가,
비로소 오늘날에야 너희들에게 가르쳐주는 것이니라."
그때 세존께서 거듭 의미를 표현하시고자 게송으로 말씀하셨다.
　　항상 인욕을 행하고 일체 중생들을 불쌍히 여겨야

연	설		불	소	찬	경		후	말
演	說		佛	所	讚	經		後	末
펼연	말씀설		부처불	바소	칭찬할찬	경경		뒤후	끝말

세	시		지	차	경	자		어	가
世	時		持	此	經	者		於	家
세상세	때시		가질지	이차	경경	놈자		어조사어	집가

출	가		급	비	보	살		응	생
出	家		及	非	菩	薩		應	生
날출	집가		및급	아닐비	보리보	보살살		응당히응	날생

자	비		사	등	불	문		불	신
慈	悲		斯	等	不	聞		不	信
사랑자	슬플비		이사	무리등	아닐불	들을문		아닐불	믿을신

시	경		즉	위	대	실		아	득
是	經		則	爲	大	失		我	得
이시	경경		곧즉	할위	큰대	잃을실		나아	얻을득

부처님 찬탄하시는 경을 능히 설할 수 있도다.
미래 말법 세상에 이 법화경을 지니는 자는 재가자나 출가자에게
그리고 보살 아닌 다른 이에게도 응당 자비한 마음으로 생각하되,
'이 경을 듣지 않고 믿지 못하여 이들은 엄청나게 큰 손실을 보겠구나!

불	도		이	제	방	편		위	설
佛	道		以	諸	方	便		爲	說
부처불	길도		써이	모든제	처방방	편할편		할위	말씀설

차	법		영	주	기	중		비	여
此	法		令	住	其	中		譬	如
이차	법법		하여금영	머물주	그기	가운데중		비유할비	같을여

강	력		전	륜	지	왕		병	전
强	力		轉	輪	之	王		兵	戰
굳셀강	힘력		구를전	바퀴륜	어조사지	임금왕		군사병	싸울전

유	공		상	사	제	물		상	마
有	功		賞	賜	諸	物		象	馬
있을유	공공		상줄상	줄사	모든제	만물물		코끼리상	말마

거	승		엄	신	지	구		급	제
車	乘		嚴	身	之	具		及	諸
수레거	탈승		엄할엄	몸신	어조사지	갖출구		및급	모든제

내가 불도를 얻게 되면 어떤 방편으로라도
이 경을 설해주어 바른 가르침 안에 머물게 하리라!'
예를 들어 강력한 전륜성왕이 싸움에 공 있는 군사가 있으면
모든 물품을 상으로 나눠주니 코끼리·말·수레·장신구와

전	택		취	락	성	읍		혹	여
田	宅		聚	落	城	邑		或	與
밭전	집택		마을취	촌락락	성성	고을읍		혹혹	줄여

의	복		종	종	진	보		노	비
衣	服		種	種	珍	寶		奴	婢
옷의	옷복		종류종	종류종	보배진	보배보		종노	여자종비

재	물		환	희	사	여		여	유
財	物		歡	喜	賜	與		如	有
재물재	만물물		기쁠환	기쁠희	줄사	줄여		같을여	있을유

용	건		능	위	난	사		왕	해
勇	健		能	爲	難	事		王	解
날쌜용	튼튼할건		능할능	할위	어려울난	일사		임금왕	풀해

계	중		명	주	사	지		여	래
髻	中		明	珠	賜	之		如	來
상투계	가운데중		밝을명	구슬주	줄사	어조사지		같을여	올래

> 그리고 많은 전답과 집 마을이나 성읍 따위를 주고
> 혹은 의복과 여러 가지 진귀한 보배들·노비와 재물들을 흔쾌히 주다가,
> 어떤 이가 용맹하고 굳세어 가장 힘든 공훈을 세우게 되거든
> 그때서야 비로소 상투 속에 간직했던 밝은 구슬을 꺼내어 주듯이,

역	이		위	제	법	왕		인	욕
亦	爾		爲	諸	法	王		忍	辱
또 역	그 이		할 위	모든 제	법 법	임금 왕		참을 인	욕될 욕

대	력		지	혜	보	장		이	대
大	力		智	慧	寶	藏		以	大
큰 대	힘 력		슬기 지	지혜 혜	보배 보	곳간 장		써 이	큰 대

자	비		여	법	화	세		견	일
慈	悲		如	法	化	世		見	一
사랑 자	슬플 비		같을 여	법 법	화할 화	세상 세		볼 견	한 일

체	인		수	제	고	뇌		욕	구
切	人		受	諸	苦	惱		欲	求
모두 체	사람 인		받을 수	모든 제	괴로울 고	괴로워할 뇌		하고자할 욕	구할 구

해	탈		여	제	마	전		위	시
解	脫		與	諸	魔	戰		爲	是
풀 해	벗을 탈		더불어 여	모든 제	마귀 마	싸울 전		위할 위	이 시

여래도 또한 그와 같아서 모든 법의 왕이 되어
인욕의 큰 힘과 지혜의 보물창고를 지니고 대자대비로써
법답게 세상을 교화하되, 모든 사람들이 많은 고통 감수하며
해탈을 구해 마구니들과 싸우는 것을 보고

중	생		설	종	종	법		이	대
眾	生		說	種	種	法		以	大
무리중	날생		말씀설	종류종	종류종	법법		써이	큰대

방	편		설	차	제	경		기	지
方	便		說	此	諸	經		旣	知
처방방	편할편		말씀설	이차	모든제	경경		이미기	알지

중	생		득	기	력	이		말	후
眾	生		得	其	力	已		末	後
무리중	날생		얻을득	그기	힘력	마칠이		끝말	뒤후

내	위		설	시	법	화		여	왕
乃	爲		說	是	法	華		如	王
이에내	할위		말씀설	이시	법법	꽃화		같을여	임금왕

해	계		명	주	여	지		차	경
解	髻		明	珠	與	之		此	經
풀해	상투계		밝을명	구슬주	줄여	어조사지		이차	경경

그 중생들 위해 갖가지 법을 설하며 큰 방편으로써
많은 경전들 연설하다가, 이미 중생들이 능력을 갖춘 걸 알게 되면
맨 나중에서야 이 법화경을 설해주나니
마치 왕이 상투를 풀어서 밝은 구슬을 꺼내주는 것과 같도다.

위	존		중	경	중	상		아	상
爲	尊		衆	經	中	上		我	常
할위	높을존		무리중	경경	가운데중	위상		나아	항상상

수	호		불	망	개	시		금	정
守	護		不	妄	開	示		今	正
지킬수	보호할호		아닐불	허망할망	열개	보일시		이제금	바를정

시	시		위	여	등	설		아	멸
是	時		爲	汝	等	說		我	滅
이시	때시		위할위	너여	무리등	말씀설		나아	멸할멸

도	후		구	불	도	자		욕	득
度	後		求	佛	道	者		欲	得
건널도	뒤후		구할구	부처불	길도	놈자		하고자할욕	얻을득

안	은		연	설	사	경		응	당
安	隱		演	說	斯	經		應	當
편안할안	편안할은		펼연	말씀설	이사	경경		응당히응	마땅히당

이 법화경은 존귀하여 여러 경전들 가운데 으뜸이므로
내 항상 수호하고 함부로 열어 보이지 않다가
지금 바로 적절한 때가 되어 너희를 위해 설하노라.
내 열반한 뒤에 불도를 구하는 자들이 이 경을 안락하게 연설하려거든

친	근		여	시	사	법		독	시
親	近		如	是	四	法		讀	是
친할 친	가까울 근		같을 여	이 시	넉 사	법 법		읽을 독	이 시

경	자		상	무	우	뇌		우	무
經	者		常	無	憂	惱		又	無
경 경	놈 자		항상 상	없을 무	근심할 우	괴로워할 뇌		또 우	없을 무

병	통		안	색	선	백		불	생
病	痛		顔	色	鮮	白		不	生
병들 병	아플 통		얼굴 안	빛 색	고울 선	흰 백		아닐 불	날 생

빈	궁		비	천	추	루		중	생
貧	窮		卑	賤	醜	陋		衆	生
가난할 빈	궁할 궁		낮을 비	천할 천	더러울 추	좁을 루		무리 중	날 생

요	견		여	모	현	성		천	제
樂	見		如	慕	賢	聖		天	諸
좋아할 요	볼 견		같을 여	그리워할 모	어질 현	성인 성		하늘 천	모든 제

응당 앞서 말한 네 가지 행법을 잘 익힐지니,
그렇게 법화경 읽는 자는 항상 근심 걱정이 없는 데다가
또 병이 없어 얼굴빛이 깨끗하고 희며 빈궁하고 하천한 데 살지 아니하고,
성현을 사모하듯 중생들이 보기 좋아하며 하늘의 동자들이

동	자		이	위	급	사		도	장
童	子		以	爲	給	使		刀	杖
아이 동	아들 자		써 이	할 위	줄 급	부릴 사		칼 도	지팡이 장

불	가		독	불	능	해		약	인
不	加		毒	不	能	害		若	人
아닐 불	더할 가		독 독	아닐 불	능할 능	해할 해		만약 약	사람 인

악	매		구	즉	폐	색		유	행
惡	罵		口	則	閉	塞		遊	行
악할 악	욕할 매		입 구	곧 즉	닫을 폐	막을 색		놀 유	갈 행

무	외		여	사	자	왕		지	혜
無	畏		如	師	子	王		智	慧
없을 무	두려워할 외		같을 여	스승 사	아들 자	임금 왕		슬기 지	지혜 혜

광	명		여	일	지	조		약	어
光	明		如	日	之	照		若	於
빛 광	밝을 명		같을 여	해 일	어조사 지	비출 조		만약 약	어조사 어

시자가 되어 모시리라. 칼과 몽둥이로 감히 법사를 때리지 못하고
독약도 능히 해치지 못하며 만일 누군가 법사를 욕설한다면
그 입이 곧 막혀지리라. 아무리 돌아다녀도 사자왕처럼
두려움이 없으며 지혜의 광명은 햇살처럼 찬란히 빛나리라.

몽	중		단	견	묘	사		견	제
夢	中		但	見	妙	事		見	諸
꿈몽	가운데중		다만단	볼견	묘할묘	일사		볼견	모든제

여	래		좌	사	자	좌		제	비
如	來		坐	師	子	座		諸	比
같을여	올래		앉을좌	스승사	아들자	자리좌		모든제	견줄비

구	중		위	요	설	법		우	견
丘	衆		圍	繞	說	法		又	見
언덕구	무리중		두를위	두를요	말씀설	법법		또우	볼견

용	신		아	수	라	등		수	여
龍	神		阿	修	羅	等		數	如
용용	귀신신		언덕아	닦을수	새그물라	무리등		셀수	같을여

항	사		공	경	합	장		자	견
恒	沙		恭	敬	合	掌		自	見
항상항	모래사		공손할공	공경할경	합할합	손바닥장		스스로자	볼견

혹 꿈속에서조차 좋은 일만 보리니 모든 여래께서
사자좌에 앉으사 여러 비구들에게 둘러싸여
설법하시는 꿈을 꾸게 되고, 또 항하의 모래알처럼
무수한 용과 귀신·아수라들이 공손히 합장하거든

기	신		이	위	설	법		우	견
其	身		而	爲	說	法		又	見
그기	몸신		말이을이	위할위	말씀설	법법		또우	볼견
제	불		신	상	금	색		방	무
諸	佛		身	相	金	色		放	無
모든제	부처불		몸신	모양상	쇠금	빛색		놓을방	없을무
량	광		조	어	일	체		이	범
量	光		照	於	一	切		以	梵
헤아릴량	빛광		비출조	어조사어	한일	모두체		써이	깨끗할범
음	성		연	설	제	법		불	위
音	聲		演	說	諸	法		佛	爲
소리음	소리성		펼연	말씀설	모든제	법법		부처불	위할위
사	중		설	무	상	법		견	신
四	衆		說	無	上	法		見	身
넉사	무리중		말씀설	없을무	위상	법법		볼견	몸신

> 그 자신이 직접 그들을 위해 설법해주는 꿈을 꾸게 되며,
> 또 모든 부처님 몸은 황금빛이거늘 한량없는 광명으로 일체를 비추시는데
> 깨끗한 음성으로써 모든 법 연설하시는 광경을 보게 되리라.
> 부처님께서 사부대중 위하사 위없이 높은 법을 설하시거늘

처	중		합	장	찬	불		문	법
處	中		合	掌	讚	佛		聞	法
곳처	가운데중		합할합	손바닥장	칭찬할찬	부처불		들을문	법법

환	희		이	위	공	양		득	다
歡	喜		而	爲	供	養		得	陀
기쁠환	기쁠희		말이을이	할위	이바지할공	기를양		얻을득	비탈질타(다)

라	니		증	불	퇴	지		불	지
羅	尼		證	不	退	智		佛	知
새그물라	여승니		증득할증	아닐불	물러날퇴	슬기지		부처불	알지

기	심		심	입	불	도		즉	위
其	心		深	入	佛	道		卽	爲
그기	마음심		깊을심	들입	부처불	길도		곧즉	할위

수	기		성	최	정	각		여	선
授	記		成	最	正	覺		汝	善
줄수	기록할기		이룰성	가장최	바를정	깨달을각		너여	착할선

> 자기 자신도 그 가운데 있는 것을 보되 합장한 채로
> 부처님을 찬탄하고 있으며, 이윽고 법을 듣자 환희한 마음으로 공양드리고
> 다라니 얻어 물러남 없는 지혜를 증득하거든 부처님께서
> 불도에 깊이 들어갔음을 아시고 최정각 이룰 것을 꿈에서 수기하여 말씀하시되,

남	자		당	어	내	세		득	무
男	子		當	於	來	世		得	無
사내남	아들자		마땅히당	어조사어	올내	세상세		얻을득	없을무

량	지		불	지	대	도		국	토
量	智		佛	之	大	道		國	土
헤아릴량	슬기지		부처불	어조사지	큰대	길도		나라국	흙토

엄	정		광	대	무	비		역	유
嚴	淨		廣	大	無	比		亦	有
엄할엄	깨끗할정		넓을광	큰대	없을무	견줄비		또역	있을유

사	중		합	장	청	법		우	견
四	衆		合	掌	聽	法		又	見
넉사	무리중		합할합	손바닥장	들을청	법법		또우	볼견

자	신		재	산	림	중		수	습
自	身		在	山	林	中		修	習
스스로자	몸신		있을재	뫼산	수풀림	가운데중		닦을수	익힐습

'그대 선남자는 앞으로 오는 세상에 한량없이 지혜로운 부처님의 깨달음을
얻으리니, 국토는 맑고 깨끗하며 비길 바 없이 넓고 큰 데다
또한 사부대중이 있어 합장하고 법을 들으리라!'
또 자기 자신이 산 속에 있으면서

선	법		증	제	실	상		심	입
善	法		證	諸	實	相		深	入
착할선	법법		증득할증	모든제	진실실	모양상		깊을심	들입

선	정		견	시	방	불		제	불
禪	定		見	十	方	佛		諸	佛
고요할선	선정정		볼견	열 십(시)	방위 방	부처 불		모든제	부처불

신	금	색		백	복	상	장	엄	
身	金	色		百	福	相	莊	嚴	
몸신	쇠금	빛색		일백백	복복	모양상	꾸밀장	엄할엄	

문	법	위	인	설		상	유	시	호
聞	法	爲	人	說		常	有	是	好
들을문	법법	위할위	사람인	말씀설		항상상	있을유	이시	좋을호

몽		우	몽	작	국	왕		사	궁
夢		又	夢	作	國	王		捨	宮
꿈몽		또우	꿈몽	지을작	나라국	임금왕		버릴사	집궁

올바른 가르침을 익히고 닦아 모든 실상 증득하고 선정에 깊이 들어
시방의 모든 부처님들 친견하는 꿈을 꾸리니, 모든 부처님들의 몸은 황금빛이요
백 가지 상서로운 복덕으로 장엄하셨으며 부처님께 법을 듣고 나서
남을 위해 설법하는 항상 이런 좋은 꿈을 꾸리라. 또 꿈속에서조차 국왕이 되어

전	권	속		급	상	묘	오	욕
殿	眷	屬		及	上	妙	五	欲
궁전전	돌아볼권	무리속		및급	좋을상	묘할묘	다섯오	욕심욕

행	예	어	도	량		재	보	리	수
行	詣	於	道	場		在	菩	提	樹
갈행	이를예	어조사어	길도	마당장(량)		있을재	보리보	끌제(리)	나무수

하		이	처	사	자	좌		구	도
下		而	處	師	子	座		求	道
아래하		말이을이	곳처	스승사	아들자	자리좌		구할구	길도

과	칠	일		득	제	불	지	지
過	七	日		得	諸	佛	之	智
지날과	일곱칠	날일		얻을득	모든제	부처불	어조사지	슬기지

성	무	상	도	이		기	이	전	법
成	無	上	道	已		起	而	轉	法
이룰성	없을무	위상	길도	마칠이		일어날기	말이을이	구를전	법법

> 궁전과 친족 권속들 모두 버리고 오욕락을 마다하고 출가하여
> 도량에 나아가 보리수 밑 사자좌에 앉거늘,
> 그렇게 도를 구한 지 칠 일만에 모든 부처님 지혜를 얻어서
> 위없이 높은 진리를 성취한 다음 다시 일어나 법륜을 굴리되,

륜		위	사	중	설	법		경	천
輪		爲	四	衆	說	法		經	千
바퀴 륜		위할 위	넉 사	무리 중	말씀 설	법 법		지날 경	일천 천

만	억	겁		설	무	루	묘	법	
萬	億	劫		說	無	漏	妙	法	
일만 만	억 억	겁 겁		말씀 설	없을 무	샐 루	묘할 묘	법 법	

도	무	량	중	생		후	당	입	열
度	無	量	衆	生		後	當	入	涅
건널 도	없을 무	헤아릴 량	무리 중	날 생		뒤 후	마땅히 당	들 입	개흙 열

반		여	연	진	등	멸		약	후
槃		如	烟	盡	燈	滅		若	後
쟁반 반		같을 여	연기 연	다할 진	등잔 등	멸할 멸		만약 약	뒤 후

악	세	중		설	시	제	일	법	
惡	世	中		說	是	第	一	法	
악할 악	세상 세	가운데 중		말씀 설	이 시	차례 제	한 일	법 법	

사부대중 위해 천만억 겁 동안이나 무루의 묘법을 설하여
한량없는 중생들 제도한 뒤 열반에 들 적엔 기름 다한 등잔불처럼
연기가 그치매 불빛도 자연 사라지는 꿈을 꾸리라.
만약 미래 오탁악세에서 제일 으뜸가는 이 법을 설한다면

제14 안락행품

시	인	득	대	리		여	상	제	공
是	人	得	大	利		如	上	諸	功
이시	사람인	얻을득	큰대	이로울리		같을여	위상	모든제	공공

덕									
德									
덕덕									

> 그 사람은 여태까지 말한 공덕과 같은 큰 이익을 얻게 되리라.

제	십	오		종	지	용	출	품
第	十	五		從	地	涌	出	品
차례 제	열 십	다섯 오		좇을 종	땅 지	솟을 용	날 출	가지 품

이	시		타	방	국	토		제	래
爾	時		他	方	國	土		諸	來
그 이	때 시		다를 타	방위 방	나라 국	흙 토		모든 제	올 래

보	살	마	하	살		과	팔	항	하
菩	薩	摩	訶	薩		過	八	恒	河
보리 보	보살 살	갈 마	꾸짖을 가(하)	보살 살		지날 과	여덟 팔	항상 항	물 하

사	수		어	대	중	중	기	립
沙	數		於	大	衆	中	起	立
모래 사	셀 수		어조사 어	큰 대	무리 중	가운데 중	일어날 기	설 립

합	장	작	례		이	백	불	언
合	掌	作	禮		而	白	佛	言
합할 합	손바닥 장	지을 작	예도 례		말이을 이	사뢸 백	부처 불	말씀 언

제15 종지용출품
그때 다른 세계에서 온 보살마하살들이 무려 여덟 항하의 모래 수보다
훨씬 숫자가 많았는데, 모두 대중 속에서 일어나
합장하고 절하며 부처님께 사뢰었다.

세	존		약	청	아	등		어	블
世	尊		若	聽	我	等		於	佛
세상 세	높을 존		만약 약	들을 청	나 아	무리 등		어조사 어	부처 불

멸	후		재	차	사	바	세	계
滅	後		在	此	娑	婆	世	界
멸할 멸	뒤 후		있을 재	이 차	춤출 사	할미 파(바)	세상 세	지경 계

근	가	정	진		호	지	독	송
勤	加	精	進		護	持	讀	誦
부지런할 근	더할 가	정미할 정	나아갈 진		보호할 호	가질 지	읽을 독	외울 송

서	사	공	양		시	경	전	자
書	寫	供	養		是	經	典	者
쓸 서	베낄 사	이바지할 공	기를 양		이 시	경 경	법 전	놈 자

당	어	차	토		이	광	설	지
當	於	此	土		而	廣	說	之
마땅히 당	어조사 어	이 차	흙 토		말 이을 이	넓을 광	말씀 설	어조사 지

"세존이시여!
저희들이 부처님께서 열반하신 후 이 사바세계에 남아 부지런히 정진하면서
이 경전을 지키고 간직하며 읽고 외우고 베껴 쓰고 공양하도록 허락해 주신다면,
당연히 이 사바세계에서 이 경을 널리 설하겠나이다."

이	시		불	고	제	보	살	마	하
爾	時		佛	告	諸	菩	薩	摩	訶
그이	때시		부처불	알릴고	모든제	보리보	보살살	갈마	꾸짖을 가(하)

살	중		지	선	남	자		불	수
薩	衆		止	善	男	子		不	須
보살살	무리중		그칠지	착할선	사내남	아들자		아닐불	필요할수

여	등		호	지	차	경		소	이
汝	等		護	持	此	經		所	以
너여	무리등		보호할호	가질지	이차	경경		바소	써이

자	하		아	사	바	세	계		자
者	何		我	娑	婆	世	界		自
놈자	어찌하		나아	춤출사	할미 파(바)	세상세	지경계		스스로자

유	육	만	항	하	사	등		보	살
有	六	萬	恒	河	沙	等		菩	薩
있을유	여섯육	일만만	항상항	물하	모래사	같을등		보리보	보살살

그때 부처님께서 다른 세계에서 온 많은 보살마하살들에게 이르시었다.
"괜찮도다, 선남자들이여!
그대들까지 굳이 애써서 이 경을 지키며 간직하지 않아도 되느니라.
왜냐하면 우리 사바세계에는 본디 육만 항하의 모래알처럼

마	하	살		일	일	보	살		각
摩	訶	薩		一	一	菩	薩		各
갈 마	꾸짖을 가(하)	보살 살		한 일	한 일	보리 보	보살 살		각각 각

유	육	만		항	하	사	권	속
有	六	萬		恒	河	沙	眷	屬
있을 유	여섯 육	일만 만		항상 항	물 하	모래 사	돌아볼 권	무리 속

시	제	인	등		능	어	아	멸	후
是	諸	人	等		能	於	我	滅	後
이 시	모든 제	사람 인	무리 등		능할 능	어조사 어	나 아	멸할 멸	뒤 후

호	지	독	송		광	설	차	경
護	持	讀	誦		廣	說	此	經
보호할 호	가질 지	읽을 독	외울 송		넓을 광	말씀 설	이 차	경 경

불	설	시	시		사	바	세	계
佛	說	是	時		娑	婆	世	界
부처 불	말씀 설	이 시	때 시		춤출 사	할미 파(바)	세상 세	지경 계

많은 보살마하살들이 있으며, 또 그 보살 한 명마다 각각 육만 항하의 모래알처럼
많은 제자들이 딸려 있느니라. 그 보살들이 모두 내가 열반하고 난 후에도
이 경을 지키고 간직할 뿐만 아니라 읽고 외우며 널리 설할 것이기 때문이니라."
부처님께서 이렇게 말씀하실 때에 사바세계의

삼	천	대	천	국	토		지	개	진
三	千	大	千	國	土		地	皆	震
석 삼	일천 천	큰 대	일천 천	나라 국	흙 토		땅 지	다 개	진동할 진

열		이	어	기	중		유	무	량
裂		而	於	其	中		有	無	量
찢어질 열		말이을 이	어조사 어	그 기	가운데 중		있을 유	없을 무	헤아릴 량

천	만	억		보	살	마	하	살	
千	萬	億		菩	薩	摩	訶	薩	
일천 천	일만 만	억 억		보리 보	보살 살	갈 마	꾸짖을 가(하)	보살 살	

동	시	용	출		시	제	보	살	
同	時	涌	出		是	諸	菩	薩	
한가지 동	때 시	솟을 용	날 출		이 시	모든 제	보리 보	보살 살	

신	개	금	색		삼	십	이	상	
身	皆	金	色		三	十	二	相	
몸 신	다 개	쇠 금	빛 색		석 삼	열 십	두 이	모양 상	

삼천대천 온 세계 땅이 죄다 진동하며 갈라지더니,
그 속에서 한량없는 천만억 보살마하살들이 동시에 솟아올라왔다.
그 보살들은
모두 황금빛의 몸에다 삼십이상을 갖추었고,

제15 종지용출품

무	량	광	명		선	진	재	차	
無	量	光	明		先	盡	在	此	
없을 무	헤아릴 량	빛 광	밝을 명		먼저 선	다할 진	있을 재	이 차	

사	바	세	계	지	하	차	계	허
娑	婆	世	界	之	下	此	界	虛
춤출 사	할미 파(바)	세상 세	지경 계	어조사 지	아래 하	이 차	지경 계	빌 허

공	중	주		시	제	보	살		문
空	中	住		是	諸	菩	薩		聞
빌 공	가운데 중	머물 주		이 시	모든 제	보리 보	보살 살		들을 문

석	가	모	니	불	소	설	음	성
釋	迦	牟	尼	佛	所	說	音	聲
풀 석	막을 가	소우는소리 모	여승 니	부처 불	바 소	말씀 설	소리 음	소리 성

종	하	발	래		일	일	보	살
從	下	發	來		一	一	菩	薩
좇을 종	아래 하	필 발	올 래		한 일	한 일	보리 보	보살 살

> 한량없는 광명으로 눈이 부시었다. 그들은 아주 오랜 옛날부터
> 이 사바세계 아래의 허공 가운데 머물고 있었는데,
> 석가모니 부처님께서 말씀하시는 음성을 듣고는
> 당장 땅속에서 솟아올라온 것이었다. 보살 한 분마다

개	시	대	중		창	도	지	수	
皆	是	大	衆		唱	導	之	首	
다개	이시	큰대	무리중		부를창	이끌도	어조사지	머리수	

각	장	육	만		항	하	사	권	속
各	將	六	萬		恒	河	沙	眷	屬
각각각	거느릴장	여섯육	일만만		항상항	물하	모래사	돌아볼권	무리속

황	장	오	만	사	만		삼	만	이
況	將	五	萬	四	萬		三	萬	二
하물며황	거느릴장	다섯오	일만만	넉사	일만만		석삼	일만만	두이

만		일	만	항	하	사	등		권
萬		一	萬	恒	河	沙	等		眷
일만만		한일	일만만	항상항	물하	모래사	같을등		돌아볼권

속	자		황	부	내	지		일	항
屬	者		況	復	乃	至		一	恒
무리속	놈자		하물며황	다시부	이에내	이를지		한일	항상항

모두 대중을 통솔하는 스승으로서, 각각 육만 항하의 모래알처럼
많은 제자들을 거느리고 있었다.
하물며 오만·사만·삼만·이만·일만 항하의 모래알 같은
제자들을 거느리고 온 보살들은 훨씬 더 숫자가 많았다.

하	사		반	항	하	사		사	분
河	沙		半	恒	河	沙		四	分
물 하	모래 사		반 반	항상 항	물 하	모래 사		넉 사	나눌 분

지	일		내	지	천	만	억		나
之	一		乃	至	千	萬	億		那
어조사 지	한 일		이에 내	이를 지	일천 천	일만 만	억 억		어찌 나

유	타	분	지	일		황	부	천	만
由	他	分	之	一		況	復	千	萬
말미암을 유	다를 타	나눌 분	어조사 지	한 일		하물며 황	다시 부	일천 천	일만 만

억		나	유	타	권	속		황	부
億		那	由	他	眷	屬		況	復
억 억		어찌 나	말미암을 유	다를 타	돌아볼 권	무리 속		하물며 황	다시 부

억	만	권	속		황	부	천	만	백
億	萬	眷	屬		況	復	千	萬	百
억 억	일만 만	돌아볼 권	무리 속		하물며 황	다시 부	일천 천	일만 만	일백 백

더욱이 항하의 모래알과 똑같은 수의 제자들이나 그 절반에 해당하는 제자들, 또는
항하의 모래알 사분의 일에 해당하는 제자들, 하다못해 항하의 모래알 천만억 나유타분의 일에
해당하는 제자들을 거느리고 온 보살들은 더욱 헤아릴 수 없을 지경이었다.
게다가 천만억 나유타 수의 제자들과 억만 명이나 천만 명·백만 명·

만		내	지	일	만		황	부	일
萬		乃	至	一	萬		況	復	一
일만 만		이에 내	이를 지	한 일	일만 만		하물며 황	다시 부	한 일

천	일	백		내	지	일	십		황
千	一	百		乃	至	一	十		況
일천 천	한 일	일백 백		이에 내	이를 지	한 일	열 십		하물며 황

부	장		오	사	삼	이	일		제
復	將		五	四	三	二	一		弟
다시 부	거느릴 장		다섯 오	넉 사	석 삼	두 이	한 일		아우 제

자	자		황	부	단	기		낙	원
子	者		況	復	單	己		樂	遠
아들 자	놈 자		하물며 황	다시 부	홑 단	몸 기		즐길 낙	멀 원

리	행		여	시	등	비		무	량
離	行		如	是	等	比		無	量
떠날 리	행할 행		같을 여	이 시	무리 등	견줄 비		없을 무	헤아릴 량

만 명의 제자들을 거느리고 온 보살들은 그보다 수도 없이 많았다. 거기다 천 명·
백 명·열 명의 제자들을 거느리고 온 보살들은 정말 부지기수였다. 더욱이 다섯 명이나
네 명·세 명·두 명 혹은 한 명의 제자만 거느리고 온 보살들은 그야말로 말할 수 없이 많았다.
하물며 거기에다 번거로운 것을 싫어해 혼자서 온 보살들은 이루 헤아릴 수 없이 많았으니,

무	변		산	수	비	유		소	불
無	邊		算	數	譬	喩		所	不
없을무	가변		셀산	셀수	비유할비	비유할유		바소	아닐불

능	지		시	제	보	살		종	지
能	知		是	諸	菩	薩		從	地
능할능	알지		이시	모든제	보리보	보살살		좇을종	땅지

출	이		각	예	허	공		칠	보
出	已		各	詣	虛	空		七	寶
날출	마칠이		각각각	이를예	빌허	빌공		일곱칠	보배보

묘	탑		다	보	여	래		석	가
妙	塔		多	寶	如	來		釋	迦
묘할묘	탑탑		많을다	보배보	같을여	올래		풀석	막을가

모	니	불	소		도	이		향	이
牟	尼	佛	所		到	已		向	二
소우는소리모	여승니	부처불	곳소		이를도	마칠이		향할향	두이

그와 같은 보살들은 한량없고 끝이 없어서 어떤 숫자나 비유로도 알 수가 없을 정도였다.
그 많은 보살들은 전부 땅속에서 솟아 나와서, 각각 하늘 한가운데 떠 있는
아름다운 칠보탑 속의 다보여래와 석가모니 부처님 처소로 나아갔다.
이윽고 도착하자 보살들은

세	존		두	면	예	족		급	지
世	尊		頭	面	禮	足		及	至
세상 세	높을 존		머리 두	낯 면	예도 예	발 족		및 급	이를 지

제	보	수	하		사	자	좌	상	불
諸	寶	樹	下		師	子	座	上	佛
모든 제	보배 보	나무 수	아래 하		스승 사	아들 자	자리 좌	위 상	부처 불

소		역	개	작	례		우	요	삼
所		亦	皆	作	禮		右	繞	三
곳 소		또 역	다 개	지을 작	예도 례		오른쪽 우	두를 요	석 삼

잡		합	장	공	경		이	제	보
匝		合	掌	恭	敬		以	諸	菩
돌 잡		합할 합	손바닥 장	공손할 공	공경할 경		써 이	모든 제	보리 보

살		종	종	찬	법		이	이	찬
薩		種	種	讚	法		而	以	讚
보살 살		종류 종	종류 종	칭찬할 찬	법 법		말 이을 이	써 이	칭찬할 찬

두 분 세존을 향해 머리 숙여 부처님 발에 절하였다. 그리고
모든 보배나무 밑의 사자좌 위에 앉아 계신 분신부처님들 처소에 가서도
역시 공손히 절하였으며, 오른쪽으로 세 번씩 돌고는 합장하여 공경하였다.
이렇게 보살들이 찬탄하는 갖가지 법식으로써 부처님을 찬탄하고는

탄		주	재	일	면		흔	락	첨
歎		住	在	一	面		欣	樂	瞻
찬탄할 탄		머물 주	있을 재	한 일	방위 면		기뻐할 흔	즐길 락	볼 첨

앙		어	이	세	존		시	제	보
仰		於	二	世	尊		是	諸	菩
우러를 앙		어조사 어	두 이	세상 세	높을 존		이 시	모든 제	보리 보

살	마	하	살		종	초	용	출
薩	摩	訶	薩		從	初	涌	出
보살 살	갈 마	꾸짖을 가(하)	보살 살		좇을 종	처음 초	솟을 용	날 출

이	제	보	살		종	종	찬	법
以	諸	菩	薩		種	種	讚	法
써 이	모든 제	보리 보	보살 살		종류 종	종류 종	칭찬할 찬	법 법

이	찬	어	불		여	시	시	간
而	讚	於	佛		如	是	時	間
말 이을 이	칭찬할 찬	어조사 어	부처 불		같을 여	이 시	때 시	사이 간

한쪽으로 물러나 두 분 세존을 하염없이 기쁘게 우러러보았다.
그 모든 보살마하살들이 처음 땅에서 솟아나와
보살들이 찬탄하는 갖가지 법식으로써
부처님을 찬탄한 시간만 해도

경	오	십	소	겁		시	시		석
經	五	十	小	劫		是	時		釋
지날 경	다섯 오	열 십	작을 소	겁 겁		이 시	때 시		풀 석

가	모	니	불		묵	연	이	좌
迦	牟	尼	佛		黙	然	而	坐
막을 가	소우는소리 모	여승 니	부처 불		묵묵할 묵	그러할 연	말이을 이	앉을 좌

급	제	사	중		역	개	묵	연
及	諸	四	衆		亦	皆	黙	然
및 급	모든 제	넉 사	무리 중		또 역	다 개	묵묵할 묵	그러할 연

오	십	소	겁		불	신	력	고
五	十	小	劫		佛	神	力	故
다섯 오	열 십	작을 소	겁 겁		부처 불	신통할 신	힘 력	연고 고

영	제	대	중		위	여	반	일
令	諸	大	衆		謂	如	半	日
하여금 영	모든 제	큰 대	무리 중		이를 위	같을 여	반 반	날 일

자그마치 오십 소겁이나 걸렸다. 그런데도 당시 석가모니 부처님께서는
말없이 앉아만 계셨고, 모든 사부대중들도 마찬가지로 그냥 말없이 앉아 있었다.
오십 소겁이라는 어마어마한 세월이 부처님의 신통력 덕분에
모든 대중들에게 흡사 반나절처럼 짧게 여겨졌던 것이었다.

이	시	사	중		역	이	불	신	력
爾	時	四	衆		亦	以	佛	神	力
그이	때시	넉사	무리중		또역	써이	부처불	신통할신	힘력

고		견	제	보	살		변	만	무
故		見	諸	菩	薩		遍	滿	無
연고고		볼견	모든제	보리보	보살살		두루 편(변)	찰만	없을무

량		백	천	만	억		국	토	허
量		百	千	萬	億		國	土	虛
헤아릴 량		일백백	일천천	일만만	억억		나라국	흙토	빌허

공		시	보	살	중	중		유	사
空		是	菩	薩	衆	中		有	四
빌공		이시	보리보	보살살	무리중	가운데중		있을유	넉사

도	사		일	명	상	행		이	명
導	師		一	名	上	行		二	名
이끌도	스승사		한일	이름명	위상	행할행		두이	이름명

> 그때 사부대중은 역시 부처님의 신통력 덕분에 많은 보살들이
> 한량없는 백천만억 세계의 허공 가운데 가득 찬 것을 보았다.
> 그 보살들 가운데 네 명의 지도자가 있었으니,
> 첫째는 상행보살이요, 둘째는

무	변	행		삼	명	정	행		사
無	邊	行		三	名	淨	行		四
없을무	가변	행할 행		석 삼	이름 명	깨끗할 정	행할 행		넉 사

명	안	립	행		시	사	보	살
名	安	立	行		是	四	菩	薩
이름 명	편안할 안	설 립	행할 행		이 시	넉 사	보리 보	보살 살

어	기	중	중		최	위	상	수
於	其	衆	中		最	爲	上	首
어조사 어	그 기	무리 중	가운데 중		가장 최	할 위	위 상	머리 수

창	도	지	사		재	대	중	전
唱	導	之	師		在	大	衆	前
부를 창	이끌 도	어조사 지	스승 사		있을 재	큰 대	무리 중	앞 전

각	공	합	장		관	석	가	모	니
各	共	合	掌		觀	釋	迦	牟	尼
각각 각	함께 공	합할 합	손바닥 장		볼 관	풀 석	막을 가	소우는소리 모	여승 니

무변행보살이며, 셋째는 정행보살이고, 넷째는 안립행보살이었다.
이 네 명의 보살님들은 보살들 가운데
가장 으뜸가는 대표이자 무리를 이끄는 법사로서,
보살대중 앞에서 각각 서로 합장한 채 석가모니 부처님을 우러러

불		이	문	신	언		세	존
佛		而	問	訊	言		世	尊
부처 불		말 이을 이	물을 문	물을 신	말씀 언		세상 세	높을 존

소	병	소	뇌		안	락	행	부
少	病	少	惱		安	樂	行	不
적을 소	병들 병	적을 소	괴로워할 뇌		편안할 안	즐길 락	행할 행	아닐 부

소	응	도	자		수	교	이	부
所	應	度	者		受	教	易	不
바 소	응당히 응	건널 도	놈 자		받을 수	가르침 교	쉬울 이	아닐 부

불	령	세	존		생	피	로	야
不	令	世	尊		生	疲	勞	耶
아닐 불	하여금 령	세상 세	높을 존		날 생	지칠 피	수고로울 로	어조사 야

이	시		사	대	보	살		이	설
爾	時		四	大	菩	薩		而	說
그 이	때 시		넉 사	큰 대	보리 보	보살 살		말 이을 이	말씀 설

문안을 여쭈었다. "세존이시여! 아프신 데 없으시고 걱정도 없으시며, 편안하게 지내셨습니까? 제도 받는 중생들은 가르침을 순순히 잘 받아들이는지요? 혹시 세존을 피로하게 하지는 않습니까?"
그때 네 명의 대보살들이 게송으로 사뢰었다.

게	언		세	존	안	락		소	병
偈	言		世	尊	安	樂		少	病
게송 게	말씀 언		세상 세	높을 존	편안할 안	즐길 락		적을 소	병들 병

소	뇌		교	화	중	생		득	무
少	惱		敎	化	衆	生		得	無
적을 소	괴로워할 뇌		가르칠 교	화할 화	무리 중	날 생		얻을 득	없을 무

피	권		우	제	중	생		수	화
疲	倦		又	諸	衆	生		受	化
지칠 피	싫증날 권		또 우	모든 제	무리 중	날 생		받을 수	화할 화

이	부		불	령	세	존		생	피
易	不		不	令	世	尊		生	疲
쉬울 이	아닐 부		아닐 불	하여금 령	세상 세	높을 존		날 생	지칠 피

로	야		이	시	세	존		어	보
勞	耶		爾	時	世	尊		於	菩
수고로울 로	어조사 야		그 이	때 시	세상 세	높을 존		어조사 어	보리 보

> 세존께서는 안락하시어 병도 없고 걱정도 없으시며,
> 행여 중생을 교화하시느라 피로하시지는 아니하십니까?
> 또 모든 중생들은 교화를 잘 받아들이는지요?
> 혹여 세존으로 하여금 수고스럽게 하지는 않습니까?

살	대	중	중		이	작	시	언	
薩	大	衆	中		而	作	是	言	
보살 살	큰 대	무리 중	가운데 중		말 이을 이	지을 작	이 시	말씀 언	

여	시	여	시		제	선	남	자	
如	是	如	是		諸	善	男	子	
같을 여	이 시	같을 여	이 시		모든 제	착할 선	사내 남	아들 자	

여	래	안	락		소	병	소	뇌	
如	來	安	樂		少	病	少	惱	
같을 여	올 래	편안할 안	즐길 락		적을 소	병들 병	적을 소	괴로워할 뇌	

제	중	생	등		이	가	화	도	
諸	衆	生	等		易	可	化	度	
모든 제	무리 중	날 생	무리 등		쉬울 이	가히 가	화할 화	건널 도	

무	유	피	로		소	이	자	하	
無	有	疲	勞		所	以	者	何	
없을 무	있을 유	지칠 피	수고로울 로		바 소	써 이	놈 자	어찌 하	

그때 세존께서 보살대중들 가운데에서 이렇게 말씀하셨다.
"그래그래, 모든 선남자들이여! 여래는 안락하여
병도 없고 걱정도 없느니라. 모든 중생들은 교화하고
제도하기 쉬워서, 별로 피로하지 않느니라. 왜냐하면

시	제	중	생		세	세	이	래
是	諸	衆	生		世	世	已	來
이 시	모든 제	무리 중	날 생		세상 세	세상 세	이미 이	올 래

상	수	아	화		역	어	과	거	제
常	受	我	化		亦	於	過	去	諸
항상 상	받을 수	나 아	화할 화		또 역	어조사 어	지날 과	갈 거	모든 제

불		공	경	존	중		종	제	선
佛		恭	敬	尊	重		種	諸	善
부처 불		공손할 공	공경할 경	높을 존	무거울 중		심을 종	모든 제	착할 선

근		차	제	중	생		시	견	아
根		此	諸	衆	生		始	見	我
뿌리 근		이 차	모든 제	무리 중	날 생		처음 시	볼 견	나 아

신		문	아	소	설		즉	개	신
身		聞	我	所	說		卽	皆	信
몸 신		들을 문	나 아	바 소	말씀 설		곧 즉	다 개	믿을 신

이 여러 중생들은 옛날부터 태어날 적마다 항상 나의 교화를 받아왔으며,
또한 과거 모든 부처님들을 공경하였고 존중하여 많은 선근을 심어왔기 때문이니라.
그래서 이 중생들은 처음 나의 몸을 보고 나의 설법을 듣자마자,
모두들 믿고 받아들여

수		입	여	래	혜		제	선	수
受		入	如	來	慧		除	先	修
받을 수		들 입	같을 여	올 래	지혜 혜		제할 제	먼저 선	닦을 수

습		학	소	승	자		여	시	지
習		學	小	乘	者		如	是	之
익힐 습		배울 학	작을 소	탈 승	놈 자		같을 여	이 시	어조사 지

인		아	금	역	령		득	문	시
人		我	今	亦	令		得	聞	是
사람 인		나 아	이제 금	또 역	하여금 령		얻을 득	들을 문	이 시

경		입	어	불	혜		이	시	
經		入	於	佛	慧		爾	時	
경 경		들 입	어조사 어	부처 불	지혜 혜		그 이	때 시	

제	대	보	살			이	설	게	언
諸	大	菩	薩			而	說	偈	言
모든 제	큰 대	보리 보	보살 살			말이을 이	말씀 설	게송 게	말씀 언

바로 여래의 지혜에 들어갔느니라. 다만 먼저 소승의 가르침을 배워서
닦고 익혔던 사람만은 제외되었으나, 그런 사람들도 내가 이제
법화경을 듣게 해서 부처님 지혜로 들어가게끔 하리라."
그때 대보살들이 게송으로 사뢰었다.

선	재	선	재		대	웅	세	존
善	哉	善	哉		大	雄	世	尊
착할 선	어조사 재	착할 선	어조사 재		큰 대	뛰어날 웅	세상 세	높을 존

제	중	생	등		이	가	화	도
諸	衆	生	等		易	可	化	度
모든 제	무리 중	날 생	무리 등		쉬울 이	가히 가	화할 화	건널 도

능	문	제	불		심	심	지	혜
能	問	諸	佛		甚	深	智	慧
능할 능	물을 문	모든 제	부처 불		심할 심	깊을 심	슬기 지	지혜 혜

문	이	신	행		아	등	수	희
聞	已	信	行		我	等	隨	喜
들을 문	마칠 이	믿을 신	행할 행		나 아	무리 등	따를 수	기쁠 희

어	시	세	존		찬	탄	상	수
於	時	世	尊		讚	歎	上	首
어조사 어	때 시	세상 세	높을 존		칭찬할 찬	찬탄할 탄	위 상	머리 수

거룩하시고 거룩하시어라! 큰 영웅이신 세존이시여!
많은 중생들이 쉽게 교화되어, 능히 모든 부처님의 깊은 지혜에 대해 여쭈오며
법문을 듣고는 믿고 실천한다 하니 저희들도 덩달아 기쁘기 한량없나이다.
이때 세존께서 대표인 네 명의

제	대	보	살		선	재	선	재
諸	大	菩	薩		善	哉	善	哉
모든 제	큰 대	보리 보	보살 살		착할 선	어조사 재	착할 선	어조사 재

선	남	자		여	등		능	어	여
善	男	子		汝	等		能	於	如
착할 선	사내 남	아들 자		너 여	무리 등		능할 능	어조사 어	같을 여

래		발	수	희	심		이	시
來		發	隨	喜	心		爾	時
올 래		필 발	따를 수	기쁠 희	마음 심		그 이	때 시

미	륵	보	살		급	팔	천	항	하
彌	勒	菩	薩		及	八	千	恒	河
두루찰 미	굴레 륵	보리 보	보살 살		및 급	여덟 팔	일천 천	항상 항	물 하

사		제	보	살	중		개	작	시
沙		諸	菩	薩	眾		皆	作	是
모래 사		모든 제	보리 보	보살 살	무리 중		다 개	지을 작	이 시

대보살들을 찬탄하셨다.
"착하고 착하도다, 선남자들이여!
그대들이 능히 여래의 일을 함께 기뻐하다니, 참으로 훌륭하구나!"
그때 미륵보살과 팔천 항하의 모래알처럼 많은 보살들이 모두 이렇게 생각하였다.

념		아	등		종	석	이	래
念		我	等		從	昔	已	來
생각 념		나 아	무리 등		좇을 종	옛 석	이미 이	올 래

불	견	불	문		여	시		대	보
不	見	不	聞		如	是		大	菩
아닐 불	볼 견	아닐 불	들을 문		같을 여	이 시		큰 대	보리 보

살	마	하	살	중		종	지	용	출
薩	摩	訶	薩	衆		從	地	涌	出
보살 살	갈 마	꾸짖을 가(하)	보살 살	무리 중		좇을 종	땅 지	솟을 용	날 출

주	세	존	전		합	장	공	양
住	世	尊	前		合	掌	供	養
머물 주	세상 세	높을 존	앞 전		합할 합	손바닥 장	이바지할 공	기를 양

문	신	여	래		시		미	륵	보
問	訊	如	來		時		彌	勒	菩
물을 문	물을 신	같을 여	올 래		때 시		두루찰 미	굴레 륵	보리 보

'우리들은 예로부터 지금까지 이렇게 많은 대보살마하살들이
땅에서부터 솟아나와, 세존 앞에 서서 합장하고 공양하며
여래께 문안 여쭙는 것을 보지도 듣지도 못하였도다.'
당시 미륵 보살마하살은

살	마	하	살		지	팔	천	항	하
薩	摩	訶	薩		知	八	千	恒	河
보살 살	갈 마	꾸짖을 가(하)	보살 살		알 지	여덟 팔	일천 천	항상 항	물 하

사		제	보	살	등		심	지	소
沙		諸	菩	薩	等		心	之	所
모래 사		모든 제	보리 보	보살 살	무리 등		마음 심	어조사 지	바 소

념		병	욕	자	결	소	의		합
念		幷	欲	自	決	所	疑		合
생각할 념		아우를 병	하고자할 욕	스스로 자	결단할 결	바 소	의심할 의		합할 합

장	향	불		이	게	문	왈		무
掌	向	佛		以	偈	問	曰		無
손바닥 장	향할 향	부처 불		써 이	게송 게	물을 문	가로 왈		없을 무

량	천	만	억		대	중	제	보	살
量	千	萬	億		大	衆	諸	菩	薩
헤아릴 량	일천 천	일만 만	억 억		큰 대	무리 중	모든 제	보리 보	보살 살

팔천 항하의 모래알처럼 많은 보살들이 저마다 마음속으로
의심하고 있는 것을 짐작하고 있거니와, 또 자기 자신도 궁금한 것을
해결하기 위해 부처님을 향하여 합장하고 게송으로 여쭈었다.
　　한량없는 천만억 대중의 수없이 많은 보살들을

석	소	미	증	견		원	양	족	존
昔	所	未	曾	見		願	兩	足	尊
옛 석	바 소	아닐 미	일찍 증	볼 견		원할 원	두 양	족할 족	높을 존

설		시	종	하	소	래		이	하
說		是	從	何	所	來		以	何
말씀 설		이 시	좇을 종	어찌 하	바 소	올 래		써 이	어찌 하

인	연	집		거	신	대	신	통	
因	緣	集		巨	身	大	神	通	
인할 인	인연 연	모일 집		클 거	몸 신	큰 대	신통할 신	통할 통	

지	혜	파	사	의		기	지	념	견
智	慧	叵	思	議		其	志	念	堅
슬기 지	지혜 혜	어려울 파	생각할 사	의논할 의		그 기	뜻 지	생각 념	굳을 견

고		유	대	인	욕	력		중	생
固		有	大	忍	辱	力		衆	生
굳을 고		있을 유	큰 대	참을 인	욕될 욕	힘 력		무리 중	날 생

> 여태껏 한 번도 본 적이 없나니 양족존이시여, 부디 설명해주소서!
> 이 보살들은 어디에서 왔으며 무슨 이유로 모였나이까?
> 거대한 몸에 큰 신통력 갖추고 지혜 또한 헤아릴 수 없으며,
> 뜻과 생각이 견고한 데다 인욕하는 힘도 커서

소	락	견		위	종	하	소	래	
所	樂	見		爲	從	何	所	來	
바 소	즐길 락	볼 견		할 위	좇을 종	어찌 하	곳 소	올 래	

일	일	제	보	살		소	장	제	권
一	一	諸	菩	薩		所	將	諸	眷
한 일	한 일	모든 제	보리 보	보살 살		바 소	거느릴 장	모든 제	돌아볼 권

속		기	수	무	유	량		여	항
屬		其	數	無	有	量		如	恒
무리 속		그 기	셀 수	없을 무	있을 유	헤아릴 량		같을 여	항상 항

하	사	등		혹	유	대	보	살	
河	沙	等		或	有	大	菩	薩	
물 하	모래 사	무리 등		혹 혹	있을 유	큰 대	보리 보	보살 살	

장	육	만	항	사		여	시	제	대
將	六	萬	恒	沙		如	是	諸	大
거느릴 장	여섯 육	일만 만	항상 항	모래 사		같을 여	이 시	모든 제	큰 대

중생들이 보기 좋아하거니 대체 어느 곳에서 왔나이까?
보살 한 분마다 거느리고 온 제자들 그 수효 헤아릴 수 없어
항하의 모래알처럼 무수하거늘, 혹 어느 대보살은
육만 항하의 모래알 같은 제자들 거느렸는데 그처럼 많은 대중들이

중		일	심	구	불	도		시	제
衆		一	心	求	佛	道		是	諸
무리중		한일	마음심	구할구	부처불	길도		이시	모든제

대	사	등		육	만	항	하	사
大	師	等		六	萬	恒	河	沙
큰대	스승사	무리등		여섯육	일만만	항상항	물하	모래사

구	래	공	양	불		급	호	지	시
俱	來	供	養	佛		及	護	持	是
함께구	올래	이바지할공	기를양	부처불		및급	보호할호	가질지	이시

경		장	오	만	항	사		기	수
經		將	五	萬	恒	沙		其	數
경경		거느릴장	다섯오	일만만	항상항	모래사		그기	셀수

과	어	시		사	만	급	삼	만
過	於	是		四	萬	及	三	萬
지날과	어조사어	이시		넉사	일만만	및급	석삼	일만만

일심으로 불도를 구하되, 그 여러 위대한 법사들
육만 항하의 모래알 같은 제자들과 모두 함께 와서 부처님께
공양하며 이 경전을 지키고 간직하나이다. 오만 항하의 모래알 같은
제자들을 거느린 보살들은 그보다 훨씬 많으며 사만·삼만·

이	만	지	일	만		일	천	일	백
二	萬	至	一	萬		一	千	一	百
두이	일만만	이를지	한일	일만만		한일	일천천	한일	일백백

등		내	지	일	항	사		반	급
等		乃	至	一	恒	沙		半	及
무리등		이에내	이를지	한일	항상항	모래사		반반	및급

삼	사	분		억	만	분	지	일	
三	四	分		億	萬	分	之	一	
석삼	넉사	나눌분		억억	일만만	나눌분	어조사지	한일	

천	만	나	유	타		만	억	제	제
千	萬	那	由	他		萬	億	諸	弟
일천천	일만만	어찌나	말미암을유	다를타		일만만	억억	모든제	아우제

자		내	지	어	반	억		기	수
子		乃	至	於	半	億		其	數
아들자		이에내	이를지	어조사어	반반	억억		그기	셀수

이만·일만 항하의 모래알 같은 제자들 거느린 보살들은 더더욱이나 많고,
천 항하에서 백 항하의 모래알 같은 제자들 심지어 항하의 모래알과 똑같은 수이거나 절반의 제자들
또는 삼분의 일·사분의 일·억만분의 일에 해당하는 제자들 거느린 보살들은 그야말로 부지기수이며,
천만 나유타 수의 제자들과 만억 명의 제자들 하다못해 오천만 명의 제자들을 거느린 보살들은

부	과	상		백	만	지	일	만
復	過	上		百	萬	至	一	萬
다시부	지날과	위상		일백백	일만만	이를지	한일	일만만

일	천	급	일	백		오	십	여	일
一	千	及	一	百		五	十	與	一
한일	일천천	및급	한일	일백백		다섯오	열십	더불어여	한일

십		내	지	삼	이	일		단	기
十		乃	至	三	二	一		單	己
열십		이에내	이를지	석삼	두이	한일		홑단	몸기

무	권	속		낙	어	독	처	자
無	眷	屬		樂	於	獨	處	者
없을무	돌아볼권	무리속		즐길낙	어조사어	홀로독	곳처	놈자

구	래	지	불	소		기	수	전	과
俱	來	至	佛	所		其	數	轉	過
함께구	올래	이를지	부처불	곳소		그기	셀수	구를전	지날과

그보다 훨씬 무수할 뿐더러, 백만 명에서 만 명의 제자들이나 천 명에서 백 명 혹은
오십 명과 열 명의 제자들 하다못해 세 명이나 두 명·한 명의 제자만 거느린 보살들은
더 말할 수 없을 정도로 많고, 거기에다 홀로 있는 것을 좋아해 제자도 없이 부처님 처소에
혼자서 온 보살들까지 거론하자면 그 수효 더 무지무지해 이루 헤아릴 수 없나니,

상		여	시	제	대	중		약	인
上		如	是	諸	大	衆		若	人
위 상		같을 여	이 시	모든 제	큰 대	무리 중		만약 약	사람 인

행	주	수		과	어	항	사	겁	
行	籌	數		過	於	恒	沙	劫	
행할 행	셀 주	셀 수		지날 과	어조사 어	항상 항	모래 사	겁 겁	

유	불	능	진	지		시	제	대	위
猶	不	能	盡	知		是	諸	大	威
오히려 유	아닐 불	능할 능	다할 진	알 지		이 시	모든 제	큰 대	위엄 위

덕		정	진	보	살	중		수	위
德		精	進	菩	薩	衆		誰	爲
덕 덕		정미할 정	나아갈 진	보리 보	보살 살	무리 중		누구 수	위할 위

기	설	법		교	화	이	성	취	
其	說	法		敎	化	而	成	就	
그 기	말씀 설	법 법		가르칠 교	화할 화	말이을 이	이룰 성	이룰 취	

이와 같은 모든 대중들을 누군가 숫자로 헤아린다면
설사 항하의 모래알처럼 오랜 세월 흐르더라도 다 알 턱이 없을 정도로
많사옵니다. 큰 위덕을 갖춘 채 정진하는 이 보살대중들을
누가 설법하여 교화하고 성취시켰으며,

종	수	초	발	심		칭	양	하	불
從	誰	初	發	心		稱	揚	何	佛
좇을 종	누구 수	처음 초	필 발	마음 심		일컬을 칭	드날릴 양	어찌 하	부처 불

법		수	지	행	수	경		수	습
法		受	持	行	誰	經		修	習
법 법		받을 수	가질 지	행할 행	누구 수	경 경		닦을 수	익힐 습

하	불	도		여	시	제	보	살
何	佛	道		如	是	諸	菩	薩
어찌 하	부처 불	길 도		같을 여	이 시	모든 제	보리 보	보살 살

신	통	대	지	력		사	방	지	진
神	通	大	智	力		四	方	地	震
신통할 신	통할 통	큰 대	슬기 지	힘 력		넉 사	방위 방	땅 지	진동할 진

열		개	종	중	용	출		세	존
裂		皆	從	中	涌	出		世	尊
찢어질 열		다 개	좇을 종	가운데 중	솟을 용	날 출		세상 세	높을 존

누구를 따라 맨 처음 발심하였고 어떤 부처님 법을 찬탄하였으며
어떤 경전을 수지하였고 어떤 불도를 닦아 배웠나이까?
이러한 모든 보살들은 신통력과 큰 지혜의 힘으로 사방의 땅이
저절로 갈라지매 그 안에서부터 모두 솟구쳐 나오거늘, 세존이시여,

아	석	래		미	증	견	시	사	
我	昔	來		未	曾	見	是	事	
나아	옛석	올래		아닐미	일찍증	볼견	이시	일사	

원	설	기	소	종		국	토	지	명
願	說	其	所	從		國	土	之	名
원할원	말씀설	그기	바소	좇을종		나라국	흙토	어조사지	이름명

호		아	상	유	제	국		미	증
號		我	常	遊	諸	國		未	曾
이름호		나아	항상상	놀유	모든제	나라국		아닐미	일찍증

견	시	중		아	어	차	중	중	
見	是	衆		我	於	此	衆	中	
볼견	이시	무리중		나아	어조사어	이차	무리중	가운데중	

내	불	식	일	인		홀	연	종	지
乃	不	識	一	人		忽	然	從	地
이에내	아닐불	알식	한일	사람인		문득홀	그러할연	좇을종	땅지

> 저는 옛적부터 지금까지 일찍이 이런 일은 처음 보나니 그들이
> 어느 세계에서 왔는지라도 가르쳐주소서! 제가 늘 여러 세계들을 다녀봤지만
> 이런 대중들은 본 적이 없나이다. 이 많은 보살들 가운데 도무지 한 분도
> 아는 이가 없건만, 이렇게 홀연히 땅에서 솟아 나오게 된

출		원	설	기	인	연		금	차
出		願	說	其	因	緣		今	此
날출		원할원	말씀설	그기	인할인	인연연		이제금	이차

지	대	회		무	량	백	천	억
之	大	會		無	量	百	千	億
어조사지	큰대	모임회		없을무	헤아릴량	일백백	일천천	억억

시	제	보	살	등		개	욕	지	차
是	諸	菩	薩	等		皆	欲	知	此
이시	모든제	보리보	보살살	무리등		다개	하고자할욕	알지	이차

사		시	제	보	살	중		본	말
事		是	諸	菩	薩	衆		本	末
일사		이시	모든제	보리보	보살살	무리중		근본본	끝말

지	인	연		무	량	덕	세	존
之	因	緣		無	量	德	世	尊
어조사지	인할인	인연연		없을무	헤아릴량	덕덕	세상세	높을존

그 사연을 제발 좀 말씀해주소서! 지금 이 법회의
한량없는 백천억 보살들도 마찬가지로 모두 알고 싶어하오니,
이 많은 보살들의 처음과 나중 사연을 설명해주소서!
한량없는 덕 구비하신 세존이시여,

유	원	결	중	의		이	시		석
唯	願	決	衆	疑		爾	時		釋
오직 유	원할 원	결단할 결	무리 중	의심할 의		그 이	때 시		풀 석

가	모	니		분	신	제	불		종
迦	牟	尼		分	身	諸	佛		從
막을 가	소우는소리 모	여승 니		나눌 분	몸 신	모든 제	부처 불		좇을 종

무	량	천	만	억		타	방	국	토
無	量	千	萬	億		他	方	國	土
없을 무	헤아릴 량	일천 천	일만 만	억 억		다를 타	방위 방	나라 국	흙 토

래	자		재	어	팔	방		제	보
來	者		在	於	八	方		諸	寶
올 래	놈 자		있을 재	어조사 어	여덟 팔	방위 방		모든 제	보배 보

수	하		사	자	좌	상		결	가
樹	下		師	子	座	上		結	跏
나무 수	아래 하		스승 사	아들 자	자리 좌	위 상		맺을 결	책상다리 가

> 부디 대중의 의심을 풀어주소서!
> 그때 한량없는 천만억 타방 세계로부터 오신
> 석가모니 부처님의 모든 분신부처님들께서
> 여덟 방위의 보배나무 밑 사자좌 위에 가부좌를 맺고

부	좌		기	불	시	자		각	각
趺	坐		其	佛	侍	者		各	各
책상다리 부	앉을 좌		그 기	부처 불	모실 시	놈 자		각각 각	각각 각

견	시		보	살	대	중		어	삼
見	是		菩	薩	大	衆		於	三
볼 견	이 시		보리 보	보살 살	큰 대	무리 중		어조사 어	석 삼

천	대	천	세	계	사	방		종	지
千	大	千	世	界	四	方		從	地
일천 천	큰 대	일천 천	세상 세	지경 계	넉 사	방위 방		좇을 종	땅 지

용	출		주	어	허	공		각	백
涌	出		住	於	虛	空		各	白
솟을 용	날 출		머물 주	어조사 어	빌 허	빌 공		각각 각	사뢸 백

기	불	언		세	존		차	제	무
其	佛	言		世	尊		此	諸	無
그 기	부처 불	말씀 언		세상 세	높을 존		이 차	모든 제	없을 무

앉아 계셨는데, 그 부처님의 시자들도 많은 보살대중들이 삼천대천의 온 세계
사방 땅속에서 솟아올라와 허공 한 가운데 떠 있는 것을 보고 놀라서
각기 자기가 섬기는 부처님께 여쭈었다.
"세존이시여! 이 모든

량	무	변		아	승	기		보	살
量	無	邊		阿	僧	祇		菩	薩
헤아릴 량	없을 무	가 변		언덕 아	중 승	토지신 기		보리 보	보살 살

대	중		종	하	소	래		이	시
大	衆		從	何	所	來		爾	時
큰 대	무리 중		좇을 종	어찌 하	곳 소	올 래		그 이	때 시

제	불		각	고	시	자		제	선
諸	佛		各	告	侍	者		諸	善
모든 제	부처 불		각각 각	알릴 고	모실 시	놈 자		모든 제	착할 선

남	자		차	대	수	유		유	보
男	子		且	待	須	臾		有	菩
사내 남	아들 자		또 차	기다릴 대	잠깐 수	잠깐 유		있을 유	보리 보

살	마	하	살		명	왈	미	륵
薩	摩	訶	薩		名	曰	彌	勒
보살 살	갈 마	꾸짖을 가(하)	보살 살		이름 명	가로 왈	두루찰 미	굴레 륵

한량없고 끝이 없는 아승기 수의 보살 대중들은 대체 어느 곳에서 왔습니까?"
그때 모든 분신부처님들께서 각기 시자들에게 이르시었다.
"선남자여, 잠깐만 기다려라.
여기에 미륵이라 부르는 한 보살마하살이 있는데,

석	가	모	니	불		지	소	수	기
釋	迦	牟	尼	佛		之	所	授	記
풀 석	막을 가	소우는소리 모	여승 니	부처 불		어조사 지	바 소	줄 수	기록할 기

차	후	작	불		이	문	사	사
次	後	作	佛		已	問	斯	事
버금 차	뒤 후	지을 작	부처 불		이미 이	물을 문	이 사	일 사

불	금	답	지		여	등	자	당
佛	今	答	之		汝	等	自	當
부처 불	이제 금	대답할 답	어조사 지		너 여	무리 등	스스로 자	마땅히 당

인	시	득	문		이	시	석	가
因	是	得	聞		爾	時	釋	迦
인할 인	이 시	얻을 득	들을 문		그 이	때 시	풀 석	막을 가

모	니	불		고	미	륵	보	살
牟	尼	佛		告	彌	勒	菩	薩
소우는소리 모	여승 니	부처 불		알릴 고	두루찰 미	굴레 륵	보리 보	보살 살

석가모니 부처님께 수기를 받고 다음에 부처님이 될 보살이니라.
그 보살이 이미 그 일에 대해 여쭈었으니, 이제 곧 석가모니 부처님께서
대답하실 것이니라. 그러면 너희도 자연 그로 인해 듣게 되리라."
그때 석가모니 부처님께서 미륵보살에게 이르시었다.

선	재	선	재		아	일	다		내
善	哉	善	哉		阿	逸	多		乃
착할 선	어조사 재	착할 선	어조사 재		언덕 아	편안할 일	많을 다		이에 내

능	문	불		여	시	대	사		여
能	問	佛		如	是	大	事		汝
능할 능	물을 문	부처 불		같을 여	이 시	큰 대	일 사		너 여

등		당	공	일	심		피	정	진
等		當	共	一	心		被	精	進
무리 등		마땅히 당	함께 공	한 일	마음 심		입을 피	정미할 정	나아갈 진

개		발	견	고	의		여	래	금
鎧		發	堅	固	意		如	來	今
갑옷 개		필 발	굳을 견	굳을 고	뜻 의		같을 여	올 래	이제 금

욕		현	발	선	시		제	불	지
欲		顯	發	宣	示		諸	佛	智
하고자할 욕		나타날 현	필 발	베풀 선	보일 시		모든 제	부처 불	슬기 지

"장하고 장하도다, 아일다보살이여! 능히 부처님께
이 같이 중요한 사항에 대하여 질문하다니, 참으로 훌륭하도다!
그대들은 마땅히 다함께 일심으로 정진의 튼튼한 갑옷을 입고,
견고한 마음을 굳게 다지도록 하여라. 여래가 이제 모든 부처님의 지혜와

혜		제	불	자	재	신	통	지	력
慧		諸	佛	自	在	神	通	之	力
지혜 혜		모든 제	부처 불	스스로 자	있을 재	신통할 신	통할 통	어조사 지	힘 력

제	불	사	자	분	신	지	력		제
諸	佛	師	子	奮	迅	之	力		諸
모든 제	부처 불	스승 사	아들 자	떨칠 분	빠를 신	어조사 지	힘 력		모든 제

불	위	맹	대	세	지	력		이	시
佛	威	猛	大	勢	之	力		爾	時
부처 불	위엄 위	날랠 맹	큰 대	기세 세	어조사 지	힘 력		그 이	때 시

세	존		욕	중	선	차	의		이
世	尊		欲	重	宣	此	義		而
세상 세	높을 존		하고자할 욕	거듭할 중	베풀 선	이 차	의미 의		말이을 이

설	게	언		당	정	진	일	심	
說	偈	言		當	精	進	一	心	
말씀 설	게송 게	말씀 언		마땅히 당	정미할 정	나아갈 진	한 일	마음 심	

자재한 신통력과 사자처럼 용맹스럽게 떨쳐 일어나는 힘과
위엄 있고 용맹한 큰 세력을 나타내 펼쳐 보여주겠노라."
그때 세존께서 거듭 의미를 표현하시고자 게송으로 말씀하셨다.
　　　마땅히 일심으로 정진하라

아	욕	설	차	사		물	득	유	의
我	欲	說	此	事		勿	得	有	疑
나아	하고자할욕	말씀설	이차	일사		말물	얻을득	있을유	의심할의

회		불	지	파	사	의		여	금
悔		佛	智	叵	思	議		汝	今
뉘우칠회		부처불	슬기지	어려울파	생각할사	의논할의		너여	이제금

출	신	력		주	어	인	선	중
出	信	力		住	於	忍	善	中
날출	믿을신	힘력		머물주	어조사어	참을인	착할선	가운데중

석	소	미	문	법		금	개	당	득
昔	所	未	聞	法		今	皆	當	得
옛석	바소	아닐미	들을문	법법		이제금	다개	마땅히당	얻을득

문		아	금	안	위	여		물	득
聞		我	今	安	慰	汝		勿	得
들을문		나아	이제금	편안할안	위로할위	너여		말물	얻을득

내 그 사연에 대해 말하리니 절대로 의심하지 말라
부처님 지혜는 불가사의하니라. 그대들은 이제 믿음의 힘을 내어
인욕과 올바름 속에 머물지니, 예전에 듣지 못했던 법을
지금 마땅히 모두 듣게 되리라. 내 이제 그대들을 위로하건대

회	의	구		불	무	부	실	어
懷	疑	懼		佛	無	不	實	語
품을 회	의심할 의	두려워할 구		부처 불	없을 무	아닐 부	진실 실	말씀 어

지	혜	불	가	량		소	득	제	일
智	慧	不	可	量		所	得	第	一
슬기 지	지혜 혜	아닐 불	가히 가	헤아릴 량		바 소	얻을 득	차례 제	한 일

법		심	심	파	분	별		여	시
法		甚	深	叵	分	別		如	是
법 법		심할 심	깊을 심	어려울 파	나눌 분	나눌 별		같을 여	이 시

금	당	설		여	등	일	심	청
今	當	說		汝	等	一	心	聽
이제 금	마땅히 당	말씀 설		너 여	무리 등	한 일	마음 심	들을 청

이	시	세	존		설	차	게	이
爾	時	世	尊		說	此	偈	已
그 이	때 시	세상 세	높을 존		말씀 설	이 차	게송 게	마칠 이

절대로 의심하거나 두려워하지 말라. 부처님은 거짓말하지 아니하며
부처님 지혜는 가히 헤아릴 수 없느니라. 부처님이 증득한 제일 으뜸가는 법은
너무 깊어서 분별할 수 없지만, 이제 곧 설할 것이니 그대들은 일심으로 들으라.
그때 세존께서 게송을 설하신 다음

고	미	륵	보	살		아	금	어	차
告	彌	勒	菩	薩		我	今	於	此
알릴 고	두루찰 미	굴레 륵	보리 보	보살 살		나 아	이제 금	어조사 어	이 차

대	중		선	고	여	등		아	일
大	衆		宣	告	汝	等		阿	逸
큰 대	무리 중		베풀 선	알릴 고	너 여	무리 등		언덕 아	편안할 일

다		시	제	대	보	살	마	하	살
多		是	諸	大	菩	薩	摩	訶	薩
많을 다		이 시	모든 제	큰 대	보리 보	보살 살	갈 마	꾸짖을 가(하)	보살 살

무	량	무	수		아	승	기		종
無	量	無	數		阿	僧	祇		從
없을 무	헤아릴 량	없을 무	셀 수		언덕 아	중 승	토지신 기		좇을 종

지	용	출		여	등		석	소	미
地	涌	出		汝	等		昔	所	未
땅 지	솟을 용	날 출		너 여	무리 등		옛 석	바 소	아닐 미

미륵보살에게 이르시었다.
"내가 지금 이 대중 가운데에서 그대들에게 이르노라.
아일다보살이여! 그대들이 예전에 한 번도 보지 못했던
무량무수한 아승기 수의 땅속에서 나온 대보살마하살들은,

견	자		아	어	시	사	바	세	계
見	者		我	於	是	娑	婆	世	界
볼견	놈자		나아	어조사어	이시	춤출사	할미 파(바)	세상세	지경계

득	아	뇩	다	라	삼	먁	삼	보	리
得	阿	耨	多	羅	三	藐	三	菩	提
얻을 득	언덕 아	김맬 누(뇩)	많을 다	새그물 라	석 삼	아득할 막(먁)	석 삼	보리 보	끌 제(리)

이		교	화	시	도		시	제	보
已		敎	化	示	導		是	諸	菩
마칠 이		가르칠 교	화할 화	보일 시	이끌 도		이 시	모든 제	보리 보

살		조	복	기	심		영	발	도
薩		調	伏	其	心		令	發	道
보살 살		고를 조	엎드릴 복	그 기	마음 심		하여금 영	필 발	길 도

의		차	제	보	살		개	어	시
意		此	諸	菩	薩		皆	於	是
뜻 의		이 차	모든 제	보리 보	보살 살		다 개	어조사 어	이 시

사실 내가 사바세계에서 아뇩다라삼먁삼보리를 얻은 뒤에
그 모든 보살들을 교화하고 인도했으며,
그들의 마음을 조복해서 진리를 구하는 마음을 내게 하였느니라.
그 모든 보살들은 전부

사	바	세	계	지	하		차	계	허
娑	婆	世	界	之	下		此	界	虛
춤출 사	할미 파(바)	세상 세	지경 계	어조사 지	아래 하		이 차	지경 계	빌 허

공	중	주		어	제	경	전		독
空	中	住		於	諸	經	典		讀
빌 공	가운데 중	머물 주		어조사 어	모든 제	경 경	법 전		읽을 독

송	통	리		사	유	분	별		정
誦	通	利		思	惟	分	別		正
외울 송	통할 통	통할 리		생각할 사	생각할 유	나눌 분	나눌 별		바를 정

억	념		아	일	다		시	제	선
憶	念		阿	逸	多		是	諸	善
생각할 억	생각할 념		언덕 아	편안할 일	많을 다		이 시	모든 제	착할 선

남	자	등		불	락	재	중		다
男	子	等		不	樂	在	衆		多
사내 남	아들 자	무리 등		아닐 불	즐길 락	있을 재	무리 중		많을 다

이 사바세계 아래 허공 가운데에서 살고 있느니라.
그들은 모든 경전들을 읽고 외워서 막힘없이 통달하고 있으며,
깊이 사색하여 뜻을 잘 분별할 뿐만 아니라 바르게 기억하고 있느니라.
아일다보살이여! 그 모든 선남자들은 대중 속에서

유	소	설		상	락	정	처		근
有	所	說		常	樂	靜	處		勤
있을 유	바 소	말씀 설		항상 상	즐길 락	고요할 정	곳 처		부지런할 근

행	정	진		미	증	휴	식		역
行	精	進		未	曾	休	息		亦
행할 행	정미할 정	나아갈 진		아닐 미	일찍 증	쉴 휴	쉴 식		또 역

불	의	지		인	천	이	주		상
不	依	止		人	天	而	住		常
아닐 불	의지할 의	그칠 지		사람 인	하늘 천	말이을 이	머물 주		항상 상

락	심	지		무	유	장	애		역
樂	深	智		無	有	障	礙		亦
즐길 락	깊을 심	슬기 지		없을 무	있을 유	막을 장	거리낄 애		또 역

상	락	어		제	불	지	법		일
常	樂	於		諸	佛	之	法		一
항상 상	즐길 락	어조사 어		모든 제	부처 불	어조사 지	법 법		한 일

많이 떠들며 사귀는 것을 좋아하지 않고 늘 조용한 곳을 좋아하되,
부지런히 정진하며 잠시도 그냥 쉬지 않느니라. 또한 인간이나 천신들 틈에서
그럭저럭 지내지 않고, 항상 깊은 지혜를 좋아해 막히거나 걸림이 없느니라.
더욱이 그 보살들은 모든 부처님 법을 좋아하여,

심	정	진		구	무	상	혜		이
心	精	進		求	無	上	慧		爾
마음 심	정미할 정	나아갈 진		구할 구	없을 무	위 상	지혜 혜		그 이

시	세	존		욕	중	선	차	의
時	世	尊		欲	重	宣	此	義
때 시	세상 세	높을 존		하고자할 욕	거듭할 중	베풀 선	이 차	의미 의

이	설	게	언		아	일	여	당	지
而	說	偈	言		阿	逸	汝	當	知
말이을 이	말씀 설	게송 게	말씀 언		언덕 아	편안할 일	너 여	마땅히 당	알 지

시	제	대	보	살		종	무	수	겁
是	諸	大	菩	薩		從	無	數	劫
이 시	모든 제	큰 대	보리 보	보살 살		좇을 종	없을 무	셀 수	겁 겁

래		수	습	불	지	혜		실	시
來		修	習	佛	智	慧		悉	是
올 래		닦을 수	익힐 습	부처 불	슬기 지	지혜 혜		다 실	이 시

일심으로 한결같이 정진하며 위없이 높은 지혜를 구하고 있느니라."
그때 세존께서 거듭 의미를 표현하시고자 게송으로 말씀하셨다.
　　아일다보살이여, 마땅히 명심할지니 그 모든 대보살들은
　　아주 헤아릴 수 없이 오랜 세월 동안에 부처님 지혜를 갈고 닦아 배워왔노라.

아	소	화		영	발	대	도	심
我	所	化		令	發	大	道	心
나아	바소	화할화		하여금영	필발	큰대	길도	마음심

차	등	시	아	자		의	지	시	세
此	等	是	我	子		依	止	是	世
이차	무리등	이시	나아	아들자		의지할의	그칠지	이시	세상세

계		상	행	두	타	사		지	락
界		常	行	頭	陀	事		志	樂
지경계		항상상	행할행	머리두	비탈질타	일사		뜻지	즐길락

어	정	처		사	대	중	궤	뇨
於	靜	處		捨	大	衆	憒	鬧
어조사어	고요할정	곳처		버릴사	큰대	무리중	심란할궤	시끄러울뇨

불	락	다	소	설		여	시	제	자
不	樂	多	所	說		如	是	諸	子
아닐불	즐길락	많을다	바소	말씀설		같을여	이시	모든제	아들자

> 모두 다 내가 교화하여 큰 진리 구하는 마음을 내도록 했나니
> 그들은 바로 나의 제자들로서 이 사바세계 의지하여 머물되,
> 언제나 두타행을 닦으며 마음에 조용한 곳을 좋아하고 대중의 번잡함과
> 시끄러움을 떠나 수다스럽게 떠드는 것을 싫어하노라. 이러한 모든 제자들이

등		학	습	아	도	법		주	야
等		學	習	我	道	法		晝	夜
무리 등		배울 학	익힐 습	나 아	길 도	법 법		낮 주	밤 야

상	정	진		위	구	불	도	고	
常	精	進		爲	求	佛	道	故	
항상 상	정미할 정	나아갈 진		위할 위	구할 구	부처 불	길 도	연고 고	

재	사	바	세	계		하	방	공	중
在	娑	婆	世	界		下	方	空	中
있을 재	춤출 사	할미 파(바)	세상 세	지경 계		아래 하	방위 방	빌 공	가운데 중

주		지	념	력	견	고		상	근
住		志	念	力	堅	固		常	勤
머물 주		뜻 지	생각 념	힘 력	굳을 견	굳을 고		항상 상	부지런할 근

구	지	혜		설	종	종	묘	법	
求	智	慧		說	種	種	妙	法	
구할 구	슬기 지	지혜 혜		말씀 설	종류 종	종류 종	묘할 묘	법 법	

> 나의 도법을 배우고 익히면서 밤낮으로 불도를 위해 늘 정진하며
> 이 사바세계 아래의 허공 가운데 있거늘,
> 뜻과 생각하는 힘이 견고하여 항상 부지런히
> 지혜를 구하고 갖가지로 미묘한 법을 연설하되

기	심	무	소	외		아	어	가	야
其	心	無	所	畏		我	於	伽	耶
그 기	마음 심	없을 무	바 소	두려워할 외		나 아	어조사 어	절 가	어조사 야

성		보	리	수	하	좌		득	성
城		菩	提	樹	下	坐		得	成
성 성		보리 보	끌 제(리)	나무 수	아래 하	앉을 좌		얻을 득	이룰 성

최	정	각		전	무	상	법	륜	
最	正	覺		轉	無	上	法	輪	
가장 최	바를 정	깨달을 각		구를 전	없을 무	위 상	법 법	바퀴 륜	

이	내	교	화	지		영	초	발	도
爾	乃	敎	化	之		令	初	發	道
그 이	이에 내	가르칠 교	화할 화	어조사 지		하여금 영	처음 초	필 발	길 도

심		금	개	주	불	퇴		실	당
心		今	皆	住	不	退		悉	當
마음 심		이제 금	다 개	머물 주	아닐 불	물러날 퇴		다 실	마땅히 당

그 마음에 전혀 두려움이 없노라. 내 가야성의 보리수 아래 앉아서
최정각을 이루고 위없이 높은 법의 바퀴를 굴리며,
그들을 교화하여 처음으로 진리의 마음을 내도록 해서
지금은 모두 불퇴전의 경지에 올랐고

득	성	불		아	금	설	실	어
得	成	佛		我	今	說	實	語
얻을득	이룰성	부처불		나아	이제금	말씀설	진실실	말씀어

여	등	일	심	신		아	종	구	원
汝	等	一	心	信		我	從	久	遠
너여	무리등	한일	마음심	믿을신		나아	좇을종	오랠구	멀원

래		교	화	시	등	중		이	시
來		敎	化	是	等	衆		爾	時
올래		가르칠교	화할화	이시	무리등	무리중		그이	때시

미	륵	보	살	마	하	살		급	무
彌	勒	菩	薩	摩	訶	薩		及	無
두루찰미	굴레륵	보리보	보살살	갈마	꾸짖을 가(하)	보살살		및 급	없을 무

수	제	보	살	등		심	생	의	혹
數	諸	菩	薩	等		心	生	疑	惑
셀수	모든 제	보리보	보살살	무리등		마음 심	날 생	의심할 의	미혹할 혹

미래에는 모두 성불하리라. 내 지금 하는 말은
전부 사실이니 그대들은 일심으로 믿으라.
나는 아주 오랜 옛적부터 그 보살대중들을 교화했노라.
그때 미륵 보살마하살과 무수한 보살들이 마음속으로 의심하며,

괴	미	증	유		이	작	시	념	
怪	未	曾	有		而	作	是	念	
기이할 괴	아닐 미	일찍 증	있을 유		말 이을 이	지을 작	이 시	생각 념	

운	하	세	존		어	소	시	간	
云	何	世	尊		於	少	時	間	
이를 운	어찌 하	세상 세	높을 존		어조사 어	적을 소	때 시	사이 간	

교	화	여	시		무	량	무	변	
敎	化	如	是		無	量	無	邊	
가르칠 교	화할 화	같을 여	이 시		없을 무	헤아릴 량	없을 무	가 변	

아	승	기		제	대	보	살		영
阿	僧	祇		諸	大	菩	薩		令
언덕 아	중 승	토지신 기		모든 제	큰 대	보리 보	보살 살		하여금 영

주	아	뇩	다	라	삼	먁	삼	보	리
住	阿	耨	多	羅	三	藐	三	菩	提
머물 주	언덕 아	김맬 누(뇩)	많을 다	새그물 라	석 삼	아득할 막(먁)	석 삼	보리 보	끌 제(리)

난생 처음 듣는 일이라 의아해 하면서 이렇게 생각하였다.
'어떻게 세존께서 그토록 짧은 시간 안에
이처럼 무량무변한 아승기 수의 많은 대보살들을 교화하여,
아뇩다라삼먁삼보리에 머무르게 하셨단 말인가?'

즉	백	불	언		세	존		여	래
卽	白	佛	言		世	尊		如	來
곧 즉	사뢸 백	부처 불	말씀 언		세상 세	높을 존		같을 여	올 래

위	태	자	시		출	어	석	궁	
爲	太	子	時		出	於	釋	宮	
할 위	클 태	아들 자	때 시		날 출	어조사 어	풀 석	집 궁	

거	가	야	성	불	원		좌	어	도
去	伽	耶	城	不	遠		坐	於	道
갈 거	절 가	어조사 야	성 성	아닐 불	멀 원		앉을 좌	어조사 어	길 도

량		득	성	아	뇩	다	라	삼	먁
場		得	成	阿	耨	多	羅	三	藐
마당 장(량)		얻을 득	이룰 성	언덕 아	김맬 누(뇩)	많을 다	새그물 라	석 삼	아득할 막(먁)

삼	보	리		종	시	이	래		시
三	菩	提		從	是	已	來		始
석 삼	보리 보	끌 제(리)		좇을 종	이 시	이미 이	올 래		처음 시

이윽고 미륵보살이 부처님께 여쭈었다.
"세존이시여! 여래께서는 태자로 계실 적에 석가족의 궁궐에서 나와,
가야성에서 별로 멀지 않은 도량에 앉으시어
아뇩다라삼먁삼보리를 이루셨나이다. 그로부터 지금까지

과	사	십	여	년		세	존		운
過	四	十	餘	年		世	尊		云
지날 과	넉 사	열 십	남을 여	해 년		세상 세	높을 존		이를 운

하	어	차	소	시		대	작	불	사
何	於	此	少	時		大	作	佛	事
어찌 하	어조사 어	이 차	적을 소	때 시		큰 대	지을 작	부처 불	일 사

이	불	세	력		이	불	공	덕
以	佛	勢	力		以	佛	功	德
써 이	부처 불	기세 세	힘 력		써 이	부처 불	공 공	덕 덕

교	화	여	시		무	량	대	보	살
敎	化	如	是		無	量	大	菩	薩
가르칠 교	화할 화	같을 여	이 시		없을 무	헤아릴 량	큰 대	보리 보	보살 살

중		당	성	아	녹	다	라	삼	막
衆		當	成	阿	耨	多	羅	三	藐
무리 중		마땅히 당	이룰 성	언덕 아	김맬 누(녹)	많을 다	새그물 라	석 삼	아득할 막(먁)

불과 사십 년밖에 되지 않았거늘, 세존께서 어떻게
그 짧은 기간 동안에 이런 엄청난 불사를 하셨단 말입니까?
정말 그 짧은 세월 동안 부처님의 세력과 공덕으로써 이렇게 한량없는
대보살 무리들을 교화하여 아뇩다라삼먁삼보리를 이루게 하셨단 말씀입니까?

삼	보	리		세	존		차	대	보
三	菩	提		世	尊		此	大	菩
석삼	보리보	끝제(리)		세상세	높을존		이차	큰대	보리보

살	중		가	사	유	인		어	천
薩	衆		假	使	有	人		於	千
보살살	무리중		거짓가	가령사	있을유	사람인		어조사어	일천천

만	억	겁		수	불	능	진		부
萬	億	劫		數	不	能	盡		不
일만만	억억	겁겁		셀수	아닐불	능할능	다할진		아닐부

득	기	변		사	등		구	원	이
得	其	邊		斯	等		久	遠	已
얻을득	그기	가변		이사	무리등		오랠구	멀원	이미이

래		어	무	량	무	변	제	불	소
來		於	無	量	無	邊	諸	佛	所
올래		어조사어	없을무	헤아릴량	없을무	가변	모든제	부처불	곳소

세존이시여! 이 대보살 무리들은 가령 어떤 사람이
천만억 겁의 오랜 세월 동안 헤아린다 하더라도,
다 세지도 못할 뿐 아니라 끝도 알 수 없을 정도이옵니다.
더구나 이 보살들은 오랜 옛날부터 지금까지 무량무변하게 많은 부처님들 처소에서,

식	제	선	근	성	취	보	살	도
植	諸	善	根	成	就	菩	薩	道
심을 식	모든 제	착할 선	뿌리 근	이룰 성	이룰 취	보리 보	보살 살	길 도

상	수	범	행	세	존	여	차
常	修	梵	行	世	尊	如	此
항상 상	닦을 수	깨끗할 범	행할 행	세상 세	높을 존	같을 여	이 차

지	사	세	소	난	신	비	여
之	事	世	所	難	信	譬	如
어조사 지	일 사	세상 세	바 소	어려울 난	믿을 신	비유할 비	같을 여

유	인	색	미	발	흑	연	이
有	人	色	美	髮	黑	年	二
있을 유	사람 인	빛 색	아름다울 미	터럭 발	검을 흑	해 연	두 이

십	오	지	백	세	인	언	시
十	五	指	百	歲	人	言	是
열 십	다섯 오	가리킬 지	일백 백	해 세	사람 인	말씀 언	이 시

여러 선근을 심어 보살도를 완성했으며 항상 깨끗하게 범행을 닦아오지 않았습니까?
그러므로 세존이시여, 이런 일은 너무 황당하여 세상에 정말 믿기 어렵나이다.
가령 어떤 사람이 얼굴빛도 곱고 머리털까지 검어서
나이가 스물다섯 살밖에 안 되어 보이는데, 백 살 먹은 노인더러

아	자		기	백	세	인		역	지
我	子		其	百	歲	人		亦	指
나 아	아들 자		그 기	일백 백	해 세	사람 인		또 역	가리킬 지

년	소		언	시	아	부		생	육
年	少		言	是	我	父		生	育
해 년	적을 소		말씀 언	이 시	나 아	아비 부		날 생	기를 육

아	등		시	사	난	신		불	역
我	等		是	事	難	信		佛	亦
나 아	무리 등		이 시	일 사	어려울 난	믿을 신		부처 불	또 역

여	시		득	도	이	래		기	실
如	是		得	道	已	來		其	實
같을 여	이 시		얻을 득	길 도	이미 이	올 래		그 기	진실 실

미	구		이	차	대	중		제	보
未	久		而	此	大	衆		諸	菩
아닐 미	오랠 구		말이을 이	이 차	큰 대	무리 중		모든 제	보리 보

'내 아들'이라 말하고 백 살 노인 역시 청년을 가리켜서
'우리 아버지이며 우리들을 낳아 길러주셨다' 한다면
이 일을 쉽게 믿을 수 있겠나이까? 부처님께서도 그와 마찬가지로
깨달음을 얻으신 지는 사실 얼마 되지 않았습니다. 그런데 이 대중의

살	등		이	어	무	량		천	만
薩	等		已	於	無	量		千	萬
보살 살	무리 등		이미 이	어조사 어	없을 무	헤아릴 량		일천 천	일만 만

억	겁		위	불	도	고		근	행
億	劫		爲	佛	道	故		勤	行
억 억	겁 겁		위할 위	부처 불	길 도	연고 고		부지런할 근	행할 행

정	진		선	입	출	주		무	량
精	進		善	入	出	住		無	量
정미할 정	나아갈 진		착할 선	들 입	날 출	머물 주		없을 무	헤아릴 량

백	천	만	억	삼	매		득	대	신
百	千	萬	億	三	昧		得	大	神
일백 백	일천 천	일만 만	억 억	석 삼	어두울 매		얻을 득	큰 대	신통할 신

통		구	수	범	행		선	능	차
通		久	修	梵	行		善	能	次
통할 통		오랠 구	닦을 수	깨끗할 범	행할 행		착할 선	능할 능	버금 차

여러 보살들은 이미 한량없는 천만억 겁 훨씬 전부터 불도를 위해서
부지런히 정진하지 않았습니까? 그리하여 한량없는 백천만억의
온갖 삼매에도 잘 들어갔다가 나오고 머무를 뿐 아니라
대신통력까지 얻었습니다. 게다가 오랫동안 범행을 닦아서

제 第 차례 제		습 習 익힐 습	제 諸 모든 제	선 善 착할 선	법 法 법 법		교 巧 공교할 교	어 於 어조사 어	문 問 물을 문
답 答 대답할 답		인 人 사람 인	중 中 가운데 중	지 之 어조사 지	보 寶 보배 보		일 一 한 일	체 切 모두 체	세 世 세상 세
간 間 사이 간		심 甚 심할 심	위 爲 할 위	희 希 드물 희	유 有 있을 유		금 今 이제 금	일 日 날 일	세 世 세상 세
존 尊 높을 존		방 方 바야흐로 방	운 云 이를 운			득 得 얻을 득	불 佛 부처 불	도 道 길 도	시 時 때 시
초 初 처음 초	령 令 하여금 령	발 發 필 발	심 心 마음 심			교 敎 가르칠 교	화 化 화할 화	시 示 보일 시	도 導 이끌 도

여러 훌륭한 법들을 차근차근 잘 익혔고, 문답에도 능숙하여
사람 가운데 보배이자 모든 세상에서 매우 드문 존재이옵니다.
그러하거늘 오늘 세존께서는 바야흐로 이르시기를,
'내가 불도를 얻었을 때 처음 그들을 발심하게 하여 교화했으며, 그들을 인도해서

영	향	아	뇩	다	라	삼	먁	삼	보
令	向	阿	耨	多	羅	三	藐	三	菩
하여금 영	향할 향	언덕 아	김맬누(뇩)	많을 다	새그물 라	석 삼	아득할 막(먁)	석 삼	보리 보

리		세	존		득	불	미	구
提		世	尊		得	佛	未	久
끌 제(리)		세상 세	높을 존		얻을 득	부처 불	아닐 미	오랠 구

내	능	작	차		대	공	덕	사
乃	能	作	此		大	功	德	事
이에 내	능할 능	지을 작	이 차		큰 대	공 공	덕 덕	일 사

아	등		수	부	신	불		수	의
我	等		雖	復	信	佛		隨	宜
나 아	무리 등		비록 수	다시 부	믿을 신	부처 불		따를 수	마땅할 의

소	설		불	소	출	언		미	증
所	說		佛	所	出	言		未	曾
바 소	말씀 설		부처 불	바 소	날 출	말씀 언		아닐 미	일찍 증

아뇩다라삼먁삼보리로 나아가게 하였도다.' 이렇게 말씀하시니
참 알 수가 없습니다. 세존께서 부처님 되신 지가 그리 오래 되지 않았건만,
어떻게 이처럼 큰 공덕 불사를 실제로 지으셨단 말씀입니까?
저희들은 부처님께서 근기에 맞게 설법하시고 또 부처님께서 하시는 말씀은

허	망		불	소	지	자		개	실
虛	妄		佛	所	知	者		皆	悉
빌 허	허망할 망		부처 불	바 소	알 지	놈 자		다 개	다 실

통	달		연		제	신	발	의	보
通	達		然		諸	新	發	意	菩
통할 통	통달할 달		그러할 연		모든 제	새 신	필 발	뜻 의	보리 보

살		어	불	멸	후		약	문	시
薩		於	佛	滅	後		若	聞	是
보살 살		어조사 어	부처 불	멸할 멸	뒤 후		만약 약	들을 문	이 시

어		혹	불	신	수		이	기	파
語		或	不	信	受		而	起	破
말씀 어		혹 혹	아닐 불	믿을 신	받을 수		말 이을 이	일어날 기	깨뜨릴 파

법		죄	업	인	연		유	연	세
法		罪	業	因	緣		唯	然	世
법 법		허물 죄	업 업	인할 인	인연 연		오직 유	그러할 연	세상 세

조금도 거짓이 없다는 것을 믿습니다. 그리고 부처님께서는 모든 것에 전부 환히 통달하셨음을 틀림없이
믿고 있습니다. 그러나 부처님께서 열반하신 후에 처음 발심한 보살들은 부처님께서 성도하신 지
얼마 안 되어 이렇게 큰 불사를 하셨다는 말을 듣게 되면 혹 믿지 않을 수도 있을 것입니다.
그렇게 되면 자칫 법을 깨뜨리는 죄업의 인연을 저지르게 될 것입니다. 그러니까 제발 세존이시여,

존		원	위	해	설		제	아	등
尊		願	爲	解	說		除	我	等
높을 존		원할 원	할 위	풀 해	말씀 설		제할 제	나 아	무리 등
의		급	미	래	세		제	선	남
疑		及	未	來	世		諸	善	男
의심할 의		및 급	아닐 미	올 래	세상 세		모든 제	착할 선	사내 남
자		문	차	사	이		역	불	생
子		聞	此	事	已		亦	不	生
아들 자		들을 문	이 차	일 사	마칠 이		또 역	아닐 불	날 생
의		이	시		미	륵	보	살	
疑		爾	時		彌	勒	菩	薩	
의심할 의		그 이	때 시		두루찰 미	굴레 륵	보리 보	보살 살	
욕	중	선	차	의		이	설	게	언
欲	重	宣	此	義		而	說	偈	言
하고자할 욕	거듭할 중	베풀 선	이 차	의미 의		말이을 이	말씀 설	게송 게	말씀 언

원하옵건대 자세히 그것을 설명해주시어 저희들의 의심을 없애주소서!
그래서 앞으로 미래 세상의 모든 선남자들이
이 일을 듣고 난 다음에도 의심하지 않도록 해주소서!"
그때 미륵보살이 거듭 의미를 표현하고자 게송으로 사뢰었다.

불	석	종	석	종		출	가	근	가
佛	昔	從	釋	種		出	家	近	伽
부처 불	옛 석	좇을 종	풀 석	종자 종		날 출	집 가	가까울 근	절 가

야		좌	어	보	리	수		이	래
耶		坐	於	菩	提	樹		爾	來
어조사 야		앉을 좌	어조사 어	보리 보	끝 제(리)	나무 수		그 이	올 래

상	미	구		차	제	불	자	등	
尙	未	久		此	諸	佛	子	等	
오히려 상	아닐 미	오랠 구		이 차	모든 제	부처 불	아들 자	무리 등	

기	수	불	가	량		구	이	행	불
其	數	不	可	量		久	已	行	佛
그 기	셀 수	아닐 불	가히 가	헤아릴 량		오랠 구	이미 이	행할 행	부처 불

도		주	어	신	통	력		선	학
道		住	於	神	通	力		善	學
길 도		머물 주	어조사 어	신통할 신	통할 통	힘 력		착할 선	배울 학

옛날 석가족 궁궐에서 출가하시어 부처님께서 가야성 부근의
보리수 아래 앉으신 지가 그다지 오래 되지 않으셨건만,
이 모든 불자들 헤아릴 수 없이 많으며
오랫동안 불도를 닦아 신통력에 안주하였고,

보	살	도		불	염	세	간	법
菩	薩	道		不	染	世	間	法
보리 보	보살 살	길 도		아닐 불	물들 염	세상 세	사이 간	법 법

여	연	화	재	수		종	지	이	용
如	蓮	華	在	水		從	地	而	涌
같을 여	연꽃 연	꽃 화	있을 재	물 수		좇을 종	땅 지	말이을 이	솟을 용

출		개	기	공	경	심		주	어
出		皆	起	恭	敬	心		住	於
날 출		다 개	일어날 기	공손할 공	공경할 경	마음 심		머물 주	어조사 어

세	존	전		시	사	난	사	의
世	尊	前		是	事	難	思	議
세상 세	높을 존	앞 전		이 시	일 사	어려울 난	생각할 사	의논할 의

운	하	이	가	신		불	득	도	심
云	何	而	可	信		佛	得	道	甚
이를 운	어찌 하	말이을 이	가히 가	믿을 신		부처 불	얻을 득	길 도	심할 심

보살도를 잘 배워서 세간법에 물들지 않으니 마치 연꽃이 물속에 피어 있으나
물에 젖지 않는 것과 같나이다. 보살들이 땅속에서 솟아 나와 공경하는 마음으로
모두 세존 앞에 머물고 있거늘 도대체 상상하기도 어려운 이 일을
어찌 가히 믿을 수 있겠나이까? 부처님 득도하신 지는 불과 최근이온데

근		소	성	취	심	다		원	위
近		所	成	就	甚	多		願	爲
가까울 근		바 소	이룰 성	이룰 취	심할 심	많을 다		원할 원	위할 위

제	중	의		여	실	분	별	설
除	衆	疑		如	實	分	別	說
제할 제	무리 중	의심할 의		같을 여	진실 실	나눌 분	나눌 별	말씀 설

비	여	소	장	인		연	시	이	십
譬	如	少	壯	人		年	始	二	十
비유할 비	같을 여	적을 소	씩씩할 장	사람 인		해 연	처음 시	두 이	열 십

오		시	인	백	세	자		발	백
五		示	人	百	歲	子		髮	白
다섯 오		보일 시	사람 인	일백 백	해 세	아들 자		터럭 발	흰 백

이	면	추		시	등	아	소	생
而	面	皺		是	等	我	所	生
말이을 이	낯 면	주름 추		이 시	무리 등	나 아	바 소	날 생

성취하신 바는 너무 많사오니 원컨대
대중의 의심이 없어지도록 여실히 분별하여 설명해주소서!
예를 들어 스물다섯 살의 젊고 씩씩한 청년이 백발성성한
주름진 얼굴의 백 살 먹은 노인더러 자기 아들이라 부르며

자	역	설	시	부		부	소	이	자
子	亦	說	是	父		父	少	而	子
아들 자	또 역	말씀 설	이 시	아비 부		아비 부	적을 소	말이을 이	아들 자

로		거	세	소	불	신		세	존
老		擧	世	所	不	信		世	尊
늙을 로		모두 거	세상 세	바 소	아닐 불	믿을 신		세상 세	높을 존

역	여	시		득	도	래	심	근
亦	如	是		得	道	來	甚	近
또 역	같을 여	이 시		얻을 득	길 도	올 래	심할 심	가까울 근

시	제	보	살	등		지	고	무	겁
是	諸	菩	薩	等		志	固	無	怯
이 시	모든 제	보리 보	보살 살	무리 등		뜻 지	굳을 고	없을 무	겁낼 겁

약		종	무	량	겁	래		이	행
弱		從	無	量	劫	來		而	行
약할 약		좇을 종	없을 무	헤아릴 량	겁 겁	올 래		말이을 이	행할 행

노인 역시도 청년을 아버지라 부르는 것과 같아서, 아버지는 젊고 아들은 늙었으니
온 세상이 믿지 못할 터인즉 세존께서도 또한 그와 마찬가지로
성도하신 지는 정말 얼마 되지 않으셨잖아요? 그런데 이 모든 보살들은
뜻이 견고하여 겁내거나 나약하지 않으며 한량없이 오랜 세월 동안에

보	살	도		교	어	난	문	답
菩	薩	道		巧	於	難	問	答
보리 보	보살 살	길 도		공교할 교	어조사 어	어려울 난	물을 문	대답할 답

기	심	무	소	외		인	욕	심	결
其	心	無	所	畏		忍	辱	心	決
그 기	마음 심	없을 무	바 소	두려워할 외		참을 인	욕될 욕	마음 심	결단할 결

정		단	정	유	위	덕		시	방
定		端	正	有	威	德		十	方
정할 정		단정할 단	바를 정	있을 유	위엄 위	덕 덕		열 십(시)	방위 방

불	소	찬		선	능	분	별	설
佛	所	讚		善	能	分	別	說
부처 불	바 소	칭찬할 찬		착할 선	능할 능	나눌 분	나눌 별	말씀 설

불	락	재	인	중		상	호	재	선
不	樂	在	人	衆		常	好	在	禪
아닐 불	즐길 락	있을 재	사람 인	무리 중		항상 상	좋을 호	있을 재	고요할 선

보살도를 구족히 닦아서, 어려운 질문에도 잘 대답하고
마음에 아무 두려움이 없는 데다가 인내심 깊고 단정하며 위덕까지 구비해
시방 부처님들의 찬탄을 받는 것은 물론, 뜻을 제대로 분별해서 설법을 잘하면서도
시끄러운 대중 속에 있기보다는 항상 선정에 들기를 좋아하되

정		위	구	불	도	고		어	하
定		爲	求	佛	道	故		於	下
선정정		위할위	구할구	부처불	길도	연고고		어조사어	아래하

공	중	주		아	등	종	불	문
空	中	住		我	等	從	佛	聞
빌공	가운데중	머물주		나아	무리등	좇을종	부처불	들을문

어	차	사	무	의		원	불	위	미
於	此	事	無	疑		願	佛	爲	未
어조사어	이차	일사	없을무	의심할의		원할원	부처불	위할위	아닐미

래		연	설	령	개	해		약	유
來		演	說	令	開	解		若	有
올래		펼연	말씀설	하여금령	열개	풀해		만약약	있을유

어	차	경		생	의	불	신	자
於	此	經		生	疑	不	信	者
어조사어	이차	경경		날생	의심할의	아닐불	믿을신	놈자

> 불도를 구하느라 아래 허공 가운데 있나니,
> 저희들은 직접 부처님께 듣사와 이 일을 별로 의심하지 않건만
> 부처님이시여, 부디 미래 중생을 위해 사연을 말씀해주시어 까닭을 밝혀주소서!
> 만약 누군가 이 경을 의심하고 믿지 않는다면

즉	당	타	악	도		원	금	위	해
卽	當	墮	惡	道		願	今	爲	解
곧 즉	마땅히 당	떨어질 타	악할 악	길 도		원할 원	이제 금	할 위	풀 해

설		시	무	량	보	살		운	하
說		是	無	量	菩	薩		云	何
말씀 설		이 시	없을 무	헤아릴 량	보리 보	보살 살		이를 운	어찌 하

어	소	시		교	화	령	발	심	
於	少	時		敎	化	令	發	心	
어조사 어	적을 소	때 시		가르칠 교	화할 화	하여금 령	필 발	마음 심	

이	주	불	퇴	지
而	住	不	退	地
말 이을 이	머물 주	아닐 불	물러날 퇴	땅 지

> 당연히 악도에 떨어지리니 제발 지금 설명해주소서!
> 이 한량없는 보살들을 어떻게 그처럼 짧은 시간 안에
> 정말 부처님께서 교화하시고 발심케 하여
> 불퇴전 경지에 머물게 하셨나이까?

제	십	육		여	래	수	량	품
第	十	六		如	來	壽	量	品
차례 제	열 십	여섯 육		같을 여	올 래	목숨 수	헤아릴 량	가지 품

이	시		불	고	제	보	살		급
爾	時		佛	告	諸	菩	薩		及
그 이	때 시		부처 불	알릴 고	모든 제	보리 보	보살 살		및 급

일	체	대	중		제	선	남	자
一	切	大	衆		諸	善	男	子
한 일	모두 체	큰 대	무리 중		모든 제	착할 선	사내 남	아들 자

여	등	당	신	해		여	래	성	제
汝	等	當	信	解		如	來	誠	諦
너 여	무리 등	마땅히 당	믿을 신	풀 해		같을 여	올 래	정성 성	살필 체(제)

지	어		부	고	대	중		여	등
之	語		復	告	大	衆		汝	等
어조사 지	말씀 어		다시 부	알릴 고	큰 대	무리 중		너 여	무리 등

제16 여래수량품

그때 부처님께서 여러 보살들을 비롯한 일체 대중들에게 이르시었다.

"모든 선남자들이여! 그대들은 마땅히 여래가 하는 진실한 말을 믿고 이해해야 하느니라."

다시 모든 대중들에게 이르시었다.

당	신	해		여	래	성	제	지	어
當	信	解		如	來	誠	諦	之	語
마땅히 당	믿을 신	풀 해		같을 여	올 래	정성 성	살필 체(제)	어조사 지	말씀 어

우	부	고	제	대	중		여	등	당
又	復	告	諸	大	衆		汝	等	當
또 우	다시 부	알릴 고	모든 제	큰 대	무리 중		너 여	무리 등	마땅히 당

신	해		여	래	성	제	지	어
信	解		如	來	誠	諦	之	語
믿을 신	풀 해		같을 여	올 래	정성 성	살필 체(제)	어조사 지	말씀 어

시	시		보	살	대	중		미	륵
是	時		菩	薩	大	衆		彌	勒
이 시	때 시		보리 보	보살 살	큰 대	무리 중		두루찰 미	굴레 륵

위	수		합	장	백	불	언		세
爲	首		合	掌	白	佛	言		世
할 위	머리 수		합할 합	손바닥 장	사뢸 백	부처 불	말씀 언		세상 세

"그대들은 마땅히 여래가 하는 진실한 말을 믿고 이해해야 하느니라."
또 다시 모든 대중들에게 이르시었다.
"그대들은 마땅히 여래가 하는 진실한 말을 믿고 이해해야 하느니라."
이때 보살들은 미륵보살을 선두로 하여 모두 합장한 채 부처님께 사뢰었다.

존		유	원	설	지		아	등
尊		唯	願	說	之		我	等
높을 존		오직 유	원할 원	말씀 설	어조사 지		나 아	무리 등

당	신	수	불	어		여	시	삼	백
當	信	受	佛	語		如	是	三	白
마땅히 당	믿을 신	받을 수	부처 불	말씀 어		같을 여	이 시	석 삼	사뢸 백

이		부	언		유	원	설	지
已		復	言		唯	願	說	之
마칠 이		다시 부	말씀 언		오직 유	원할 원	말씀 설	어조사 지

아	등		당	신	수	불	어		이
我	等		當	信	受	佛	語		爾
나 아	무리 등		마땅히 당	믿을 신	받을 수	부처 불	말씀 어		그 이

시	세	존		지	제	보	살		삼
時	世	尊		知	諸	菩	薩		三
때 시	세상 세	높을 존		알 지	모든 제	보리 보	보살 살		석 삼

"세존이시여, 제발 어서 말씀해 주시옵소서! 저희들은 마땅히 부처님 말씀을 믿고 받아들이겠습니다."
이와 같이 세 차례 여쭙고 나서 또 다시 사뢰었다.
"제발 어서 말씀해 주시옵소서! 저희들은 마땅히 부처님 말씀을 믿고 받아들이겠습니다."
그때 세존께서는 모든 보살들이

청	부	지		이	고	지	언		여
請	不	止		而	告	之	言		汝
청할 청	아닐 부	그칠 지		말이을 이	알릴 고	어조사 지	말씀 언		너 여

등	제	청		여	래	비	밀		신
等	諦	聽		如	來	秘	密		神
무리 등	살필 체(제)	들을 청		같을 여	올 래	숨길 비	은밀할 밀		신통할 신

통	지	력		일	체	세	간	천	인
通	之	力		一	切	世	間	天	人
통할 통	어조사 지	힘 력		한 일	모두 체	세상 세	사이 간	하늘 천	사람 인

급	아	수	라		개	위	금		석
及	阿	修	羅		皆	謂	今		釋
및 급	언덕 아	닦을 수	새그물 라		다 개	이를 위	이제 금		풀 석

가	모	니	불		출	석	씨	궁
迦	牟	尼	佛		出	釋	氏	宮
막을 가	소우는소리 모	여승 니	부처 불		날 출	풀 석	성 씨	집 궁

세 번이나 간청하고도 계속 청하는 것을 보시고 이렇게 말씀하셨다.
"그대들은 여래의 비밀한 신통력에 대하여 자세히 들으라.
일체 세간의 하늘천신과 인간 그리고 아수라 등 모든 중생들은
전부 현재의 석가모니불이 석가족의 궁궐에서 나와,

거	가	야	성	불	원		좌	어	도
去	伽	耶	城	不	遠		坐	於	道
갈 거	절 가	어조사 야	성 성	아닐 불	멀 원		앉을 좌	어조사 어	길 도

량		득	아	뇩	다	라	삼	먁	삼
場		得	阿	耨	多	羅	三	藐	三
마당 장(량)		얻을 득	언덕 아	김맬 누(뇩)	많을 다	새그물 라	석 삼	아득할 먁(막)	석 삼

보	리		연		선	남	자		아
菩	提		然		善	男	子		我
보리 보	끝 제(리)		그러할 연		착할 선	사내 남	아들 자		나 아

실	성	불	이	래		무	량	무	변
實	成	佛	已	來		無	量	無	邊
진실 실	이룰 성	부처 불	이미 이	올 래		없을 무	헤아릴 량	없을 무	가 변

백	천	만	억		나	유	타	겁	
百	千	萬	億		那	由	他	劫	
일백 백	일천 천	일만 만	억 억		어찌 나	말미암을 유	다를 타	겁 겁	

> 가야성에서 가까운 도량에 앉아
> 아뇩다라삼먁삼보리를 얻었다고들 알고 있느니라.
> 그러나 선남자들이여, 사실 내가 성불한 지는
> 벌써 한량없고 끝없는 백천만억 나유타 겁이 지났느니라.

비	여	오	백	천	만	억		나	유
譬	如	五	百	千	萬	億		那	由
비유할 비	같을 여	다섯 오	일백 백	일천 천	일만 만	억 억		어찌 나	말미암을 유

타		아	승	기		삼	천	대	천
他		阿	僧	祇		三	千	大	千
다를 타	,	언덕 아	중 승	토지신 기		석 삼	일천 천	큰 대	일천 천

세	계		가	사	유	인		말	위
世	界		假	使	有	人		抹	爲
세상 세	지경 계		거짓 가	가령 사	있을 유	사람 인		가루 말	할 위

미	진		과	어	동	방		오	백
微	塵		過	於	東	方		五	百
작을 미	티끌 진		지날 과	어조사 어	동녘 동	방위 방		다섯 오	일백 백

천	만	억		나	유	타		아	승
千	萬	億		那	由	他		阿	僧
일천 천	일만 만	억 억		어찌 나	말미암을 유	다를 타		언덕 아	중 승

가령 오백천만억 나유타 아승기 수의
어마어마한 삼천대천 온 세계들을
어떤 사람이 작은 티끌로 만들어서,
동쪽으로 오백천만억 나유타 아승기 수의

기	국		내	하	일	진		여	시
祇	國		乃	下	一	塵		如	是
토지신 기	나라 국		이에 내	내릴 하	한 일	티끌 진		같을 여	이 시

동	행		진	시	미	진		제	선
東	行		盡	是	微	塵		諸	善
동녘 동	갈 행		다할 진	이 시	작을 미	티끌 진		모든 제	착할 선

남	자		어	의	운	하		시	제
男	子		於	意	云	何		是	諸
사내 남	아들 자		어조사 어	뜻 의	이를 운	어찌 하		이 시	모든 제

세	계		가	득	사	유	교	계	
世	界		可	得	思	惟	校	計	
세상 세	지경 계		가히 가	얻을 득	생각할 사	생각할 유	셀 교	셀 계	

지	기	수	부		미	륵	보	살	등
知	其	數	不		彌	勒	菩	薩	等
알 지	그 기	셀 수	아닐 부		두루찰 미	굴레 륵	보리 보	보살 살	무리 등

세계들을 지나칠 때마다 티끌 한 점씩을 떨어뜨렸다고 하자. 모든 선남자들이여!
이와 같이 동쪽으로 계속 가면서 그 티끌들을 다 떨어뜨렸다면 어떻게 생각하느냐?
그 지나친 세계들을 추측하고 헤아려서 몇 나라들인지 숫자로 파악할 수 있겠느냐?"
미륵보살과 다른 모든 보살들이

제16 여래수량품

구	백	불	언		세	존		시	제
俱	白	佛	言		世	尊		是	諸
함께 구	사뢸 백	부처 불	말씀 언		세상 세	높을 존		이 시	모든 제

세	계		무	량	무	변		비	산
世	界		無	量	無	邊		非	算
세상 세	지경 계		없을 무	헤아릴 량	없을 무	가 변		아닐 비	셀 산

수	소	지		역	비	심	력	소	급
數	所	知		亦	非	心	力	所	及
셀 수	바 소	알 지		또 역	아닐 비	마음 심	힘 력	바 소	미칠 급

일	체	성	문		벽	지	불		이
一	切	聲	聞		辟	支	佛		以
한 일	모두 체	소리 성	들을 문		임금 벽	지탱할 지	부처 불		써 이

무	루	지		불	능	사	유		지
無	漏	智		不	能	思	惟		知
없을 무	샐 루	슬기 지		아닐 불	능할 능	생각할 사	생각할 유		알 지

함께 부처님께 사뢰었다.
"세존이시여! 그 세계들은 한량없고 끝이 없어서,
숫자로 계산하여 파악할 수 없고 또한 생각의 힘으로도 추론할 수 없습니다.
일체 성문과 벽지불들이 무루의 지혜로써 생각하더라도

기	한	수		아	등		주	아	유
其	限	數		我	等		住	阿	惟
그 기	한계 한	셀 수		나 아	무리 등		머물 주	언덕 아	생각할 유

월	치	지		어	시	사	중		역
越	致	地		於	是	事	中		亦
넘을 월	이를 치	땅 지		어조사 어	이 시	일 사	가운데 중		또 역

소	부	달		세	존		여	시	제
所	不	達		世	尊		如	是	諸
바 소	아닐 부	통달할 달		세상 세	높을 존		같을 여	이 시	모든 제

세	계		무	량	무	변		이	시
世	界		無	量	無	邊		爾	時
세상 세	지경 계		없을 무	헤아릴 량	없을 무	가 변		그 이	때 시

불	고	대	보	살	중		제	선	남
佛	告	大	菩	薩	衆		諸	善	男
부처 불	알릴 고	큰 대	보리 보	보살 살	무리 중		모든 제	착할 선	사내 남

어느 정도인지 가늠할 수조차 없습니다. 더욱이 저희들은 불퇴전의 아유월치 지위에
머물러 있는데도, 그런 일에 대해서는 역시 속수무책으로 짐작도 할 수 없습니다.
세존이시여, 그렇게 지나친 세계들은 너무 많아서 한량없고 끝이 없사옵니다."
그때 부처님께서 대보살들에게 이르시었다. "모든 선남자들이여,

자		금	당	분	명		선	어	여
子		今	當	分	明		宣	語	汝
아들 자		이제 금	마땅히 당	나눌 분	밝을 명		베풀 선	말씀 어	너 여

등		시	제	세	계		약	착	미
等		是	諸	世	界		若	著	微
무리 등		이 시	모든 제	세상 세	지경 계		만약 약	붙을 착	작을 미

진		급	불	착	자		진	이	위
塵		及	不	著	者		盡	以	爲
티끌 진		및 급	아닐 불	붙을 착	놈 자		다할 진	써 이	할 위

진		일	진	일	겁		아	성	불
塵		一	塵	一	劫		我	成	佛
티끌 진		한 일	티끌 진	한 일	겁 겁		나 아	이룰 성	부처 불

이	래	부	과	어	차		백	천
已	來	復	過	於	此		百	千
이미 이	올 래	다시 부	지날 과	어조사 어	이 차		일백 백	일천 천

이제 분명히 그대들에게 말하노라.
작은 티끌이 떨어진 곳과 떨어지지 않은 모든 세계들을 다시
전부 먼지 티끌로 만들어, 먼지 티끌 하나를 일 겁으로 친다고 하자.
그렇더라도 내가 성불한 지는 그보다 훨씬 많아,

만	억		나	유	타		아	승	기
萬	億		那	由	他		阿	僧	祇
일만 만	억 억		어찌 나	말미암을 유	다를 타		언덕 아	중 승	토지신 기

겁		자	종	시	래		아	상	재
劫		自	從	是	來		我	常	在
겁 겁		~로부터 자	좇을 종	이 시	올 래		나 아	항상 상	있을 재

차		사	바	세	계		설	법	교
此		娑	婆	世	界		說	法	敎
이 차		춤출 사	할미 파(바)	세상 세	지경 계		말씀 설	법 법	가르칠 교

화		역	어	여	처		백	천	만
化		亦	於	餘	處		百	千	萬
화할 화		또 역	어조사 어	남을 여	곳 처		일백 백	일천 천	일만 만

억		나	유	타		아	승	기	국
億		那	由	他		阿	僧	祇	國
억 억		어찌 나	말미암을 유	다를 타		언덕 아	중 승	토지신 기	나라 국

무려 백천만억 나유타 아승기 겁의 세월보다도 더 오래 되었느니라.
성불한 이래로 나는 항상 이 사바세계에 있으면서
법을 설하여 교화하였고, 또한 그 밖의 다른
백천만억 나유타 아승기 수의 많은 세계들 속에서도

도	리	중	생		제	선	남	자	
導	利	衆	生		諸	善	男	子	
이끌 도	이로울 리	무리 중	날 생		모든 제	착할 선	사내 남	아들 자	

어	시	중	간		아	설	연	등	불
於	是	中	間		我	說	燃	燈	佛
어조사 어	이 시	가운데 중	사이 간		나 아	말씀 설	사를 연	등잔 등	부처 불

등		우	부	언	기		입	어	열
等		又	復	言	其		入	於	涅
무리 등		또 우	다시 부	말씀 언	그 기		들 입	어조사 어	개흙 열

반		여	시		개	이	방	편	분
槃		如	是		皆	以	方	便	分
쟁반 반		같을 여	이 시		다 개	써 이	처방 방	편할 편	나눌 분

별		제	선	남	자		약	유	중
別		諸	善	男	子		若	有	衆
나눌 별		모든 제	착할 선	사내 남	아들 자		만약 약	있을 유	무리 중

중생들을 인도하여 이롭게 하고 있느니라. 모든 선남자들이여! 그런 동안에 나는
연등불과 다른 부처님들을 이야기했으며, 또 그 부처님들께서 열반에 드셨다고 말하였느니라.
하지만 그와 같은 것들은 모두 방편으로써 일부러 분별하여 말했던 것이니라.
모든 선남자들이여! 어떤 중생이든지

생		내	지	아	소		아	이	불
生		來	至	我	所		我	以	佛
날 생		올 내	이를 지	나 아	곳 소		나 아	써 이	부처 불

안		관	기	신	등		제	근	이
眼		觀	其	信	等		諸	根	利
눈 안		볼 관	그 기	믿을 신	무리 등		모든 제	뿌리 근	날카로울 이

둔		수	소	응	도		처	처	자
鈍		隨	所	應	度		處	處	自
무딜 둔		따를 수	바 소	응할 응	건널 도		곳 처	곳 처	스스로 자

설		명	자	부	동		연	기	대
說		名	字	不	同		年	紀	大
말씀 설		이름 명	글자 자	아닐 부	한가지 동		해 연	해 기	큰 대

소		역	부	현	언		당	입	열
小		亦	復	現	言		當	入	涅
작을 소		또 역	다시 부	나타날 현	말씀 언		마땅히 당	들 입	개흙 열

나의 처소에 오면 나는 부처의 안목으로써, 그의 신근을 비롯한 오근이 잘 다듬어졌는가
그렇지 않은가를 자세히 살피느니라. 그리고 어떻게 하면 그가 제도될 것인가에 따라,
여러 곳곳에서 스스로 이름도 다르고 수명이나 기간도 많거나 적게 하여 달리 말하느니라.
게다가 앞으로 열반에 들 것이라 말하기도 하고,

반		우	이	종	종	방	편		설
槃		又	以	種	種	方	便		說
쟁반 반		또 우	써 이	종류 종	종류 종	처방 방	편할 편		말씀 설

미	묘	법		능	령	중	생		발
微	妙	法		能	令	衆	生		發
작을 미	묘할 묘	법 법		능할 능	하여금 령	무리 중	날 생		필 발

환	희	심		제	선	남	자		여
歡	喜	心		諸	善	男	子		如
기쁠 환	기쁠 희	마음 심		모든 제	착할 선	사내 남	아들 자		같을 여

래		견	제	중	생		낙	어	소
來		見	諸	衆	生		樂	於	小
올 래		볼 견	모든 제	무리 중	날 생		즐길 낙	어조사 어	작을 소

법		덕	박	구	중	자		위	시
法		德	薄	垢	重	者		爲	是
법 법		덕 덕	엷을 박	때 구	무거울 중	놈 자		위할 위	이 시

또 여러 가지 방편으로써 미묘한 법을 설하여
능히 중생들로 하여금 환희한 마음을 내게 하느니라.
모든 선남자들이여! 이를테면 소승법을 좋아하는 중생들이
공덕은 작은데 죄업만 무거운 것을 보게 되면,

인	설		아	소	출	가		득	아
人	說		我	少	出	家		得	阿
사람인	말씀설		나아	적을소	날출	집가		얻을득	언덕아

뇩	다	라	삼	먁	삼	보	리		연
耨	多	羅	三	藐	三	菩	提		然
김맬누(뇩)	많을 다	새그물 라	석 삼	아득할 막(먁)	석 삼	보리보	끝 제(리)		그러할 연

아	실	성	불	이	래		구	원	약
我	實	成	佛	已	來		久	遠	若
나아	진실실	이룰성	부처불	이미이	올래		오랠구	멀원	같을약

사		단	이	방	편		교	화	중
斯		但	以	方	便		敎	化	衆
이사		다만단	써이	처방방	편할편		가르칠교	화할화	무리중

생		영	입	불	도		작	여	시
生		令	入	佛	道		作	如	是
날생		하여금영	들입	부처불	길도		지을작	같을여	이시

여래는 그런 사람들을 위하여
'나는 젊어서 출가하여 아뇩다라삼먁삼보리를 얻었다'고 말하였느니라.
그러나 사실 내가 성불한 지는 앞서 말한 대로 매우 오래 되었거늘,
다만 방편으로써 중생을 교화하여 불도에 들게 하기 위해서 그와 같이 말한 것이니라.

설		제	선	남	자		여	래	소
說		諸	善	男	子		如	來	所
말씀설		모든 제	착할 선	사내 남	아들 자		같을 여	올 래	바 소

연	경	전		개	위	도	탈	중	생
演	經	典		皆	爲	度	脫	衆	生
펼 연	경 경	법 전		다 개	위할 위	건널 도	벗을 탈	무리 중	날 생

혹	설	기	신		혹	설	타	신
或	說	己	身		或	說	他	身
혹 혹	말씀 설	자기 기	몸 신		혹 혹	말씀 설	다를 타	몸 신

혹	시	기	신		혹	시	타	신
或	示	己	身		或	示	他	身
혹 혹	보일 시	자기 기	몸 신		혹 혹	보일 시	다를 타	몸 신

혹	시	기	사		혹	시	타	사
或	示	己	事		或	示	他	事
혹 혹	보일 시	자기 기	일 사		혹 혹	보일 시	다를 타	일 사

모든 선남자들이여!
여래가 연설한 경전들은 모두 중생을 제도하고 해탈시키기 위한 것이므로,
자신의 몸이나 타인의 몸에 대해 말해주느니라. 혹 자신의 몸이나 타인의 몸을 보여주기도 하고,
어떤 경우에는 자신의 행적이나 타인의 행적을 보여주기도 하느니라.

제	소	언	설		개	실	불	허
諸	所	言	說		皆	實	不	虛
모든 제	바 소	말씀 언	말씀 설		다 개	진실 실	아닐 불	빌 허

소	이	자	하		여	래		여	실
所	以	者	何		如	來		如	實
바 소	써 이	놈 자	어찌 하		같을 여	올 래		같을 여	진실 실

지	견		삼	계	지	상		무	유
知	見		三	界	之	相		無	有
알 지	볼 견		석 삼	지경 계	어조사 지	모양 상		없을 무	있을 유

생	사		약	퇴	약	출		역	무
生	死		若	退	若	出		亦	無
날 생	죽을 사		만약 약	물러날 퇴	만약 약	날 출		또 역	없을 무

재	세		급	멸	도	자		비	실
在	世		及	滅	度	者		非	實
있을 재	세상 세		및 급	멸할 멸	건널 도	놈 자		아닐 비	진실 실

하지만 여래가 말한 모든 내용들은 전부 진실이며 헛되지 않느니라.
왜냐하면 여래는 삼계 우주의 진실한 모양을 있는 그대로 정확히 파악하고 있기 때문이니라.
즉 실상은 나고 죽음이 없음에 들어가거나 나오는 것도 없고
또한 세상에 존재하거나 열반하는 것도 없어서, 실재하는 것도 아니지만

비	허		비	여	비	이		불	여
非	虛		非	如	非	異		不	如
아닐 비	빌 허		아닐 비	같을 여	아닐 비	다를 이		아닐 불	같을 여

삼	계		견	어	삼	계		여	사
三	界		見	於	三	界		如	斯
석 삼	지경 계		볼 견	어조사 어	석 삼	지경 계		같을 여	이 사

지	사		여	래	명	견		무	유
之	事		如	來	明	見		無	有
어조사 지	일 사		같을 여	올 래	밝을 명	볼 견		없을 무	있을 유

착	류		이	제	중	생		유	종
錯	謬		以	諸	衆	生		有	種
그릇될 착	그릇될 류		써 이	모든 제	무리 중	날 생		있을 유	종류 종

종	성		종	종	욕		종	종	행
種	性		種	種	欲		種	種	行
종류 종	성품 성		종류 종	종류 종	욕심 욕		종류 종	종류 종	행할 행

없는 것도 아니며 같지도 않고 다르지도 않느니라.
말하자면 삼계의 어리석은 중생이 삼계를 인식하는 것과는 차원이 달라서,
이러한 사항을 여래는 분명히 보기에 절대 착오가 없느니라.
하지만 여러 중생들은 갖가지 성품과 욕망 그리고 갖가지 행동과

종	종	억	상	분	별	고		욕	령
種	種	憶	想	分	別	故		欲	令
종류 종	종류 종	생각할 억	생각 상	나눌 분	나눌 별	연고 고		하고자할 욕	하여금 령

생	제	선	근		이	약	간	인	연
生	諸	善	根		以	若	干	因	緣
날 생	모든 제	착할 선	뿌리 근		써 이	같을 약	방패 간	인할 인	인연 연

비	유	언	사		종	종	설	법	
譬	喩	言	辭		種	種	說	法	
비유할 비	비유할 유	말씀 언	말 사		종류 종	종류 종	말씀 설	법 법	

소	작	불	사		미	증	잠	폐	
所	作	佛	事		未	曾	暫	廢	
바 소	지을 작	부처 불	일 사		아닐 미	일찍 증	잠시 잠	폐할 폐	

여	시		아	성	불	이	래		심
如	是		我	成	佛	已	來		甚
같을 여	이 시		나 아	이룰 성	부처 불	이미 이	올 래		심할 심

기억·관념·분별 망상 따위에 휩싸여 있으므로, 그 중생들에게 많은 선근이 생기도록
다양한 인연과 비유와 온갖 말로써 가지가지 법문을 하는 것이니라.
그러한 불사를 여래는 잠깐도 소홀히 하여 그만 둔 적이 없느니라.
이와 같이 내가 성불한 지는

대	구	원		수	명		무	량	아
大	久	遠		壽	命		無	量	阿
큰 대	오랠 구	멀 원		목숨 수	목숨 명		없을 무	헤아릴 량	언덕 아

승	기	겁		상	주	불	멸		제
僧	祇	劫		常	住	不	滅		諸
중 승	토지신 기	겁 겁		항상 상	머물 주	아닐 불	멸할 멸		모든 제

선	남	자		아	본	행	보	살	도
善	男	子		我	本	行	菩	薩	道
착할 선	사내 남	아들 자		나 아	근본 본	행할 행	보리 보	보살 살	길 도

소	성	수	명		금	유	미	진
所	成	壽	命		今	猶	未	盡
바 소	이룰 성	목숨 수	목숨 명		이제 금	오히려 유	아닐 미	다할 진

부	배	상	수		연		금	비	실
復	倍	上	數		然		今	非	實
다시 부	곱 배	위 상	셀 수		그러할 연		이제 금	아닐 비	진실 실

매우 오래 되었고, 수명도 한량없는 아승기 겁으로 열반에 들지 않은 채 항상 살아 있느니라.
게다가 선남자들이여!
내가 본래 보살도를 닦아서 이룬 수명만 하더라도 지금껏 아직 다하지 아니했나니,
다시 앞서 말한 숫자의 족히 두 배는 될 것이니라. 그런데 지금 실제로

멸	도		이	변	창	언		당	취
滅	度		而	便	唱	言		當	取
멸할 멸	건널 도		말이을 이	문득 변	부를 창	말씀 언		마땅히 당	취할 취

멸	도		여	래		이	시	방	편
滅	度		如	來		以	是	方	便
멸할 멸	건널 도		같을 여	올 래		써 이	이 시	처방 방	편할 편

교	화	중	생		소	이	자	하
敎	化	衆	生		所	以	者	何
가르칠 교	화할 화	무리 중	날 생		바 소	써 이	놈 자	어찌 하

약	불	구	주	어	세		박	덕	지
若	佛	久	住	於	世		薄	德	之
만약 약	부처 불	오랠 구	머물 주	어조사 어	세상 세		엷을 박	덕 덕	어조사 지

인		부	종	선	근		빈	궁	하
人		不	種	善	根		貧	窮	下
사람 인		아닐 부	심을 종	착할 선	뿌리 근		가난할 빈	궁할 궁	아래 하

열반하는 것도 아니면서 '앞으로 열반할 것이다'라고 말하나니, 여래는 그런 방편으로써
중생들을 가르쳐 교화하느니라. 왜냐하면 부처님께서 세상에 오래 계신다고 하게 되면,
공덕이 부족한 사람들은 아주 태만해져서 선근을 심지 않느니라.
그러면 더욱 빈궁하고 하천하게 되며,

천		탐	착	오	욕		입	어	억
賤		貪	著	五	欲		入	於	憶
천할 천		탐할 탐	잡을 착	다섯 오	욕심 욕		들 입	어조사 어	생각할 억

상		망	견	망	중		약	견	여
想		妄	見	網	中		若	見	如
생각 상		허망할 망	볼 견	그물 망	가운데 중		만약 약	볼 견	같을 여

래		상	재	불	멸		변	기	교
來		常	在	不	滅		便	起	憍
올 래		항상 상	있을 재	아닐 불	멸할 멸		문득 변	일어날 기	교만할 교

자		이	회	염	태		불	능	생
恣		而	懷	厭	怠		不	能	生
방자할 자		말 이을 이	품을 회	싫을 염	게으를 태		아닐 불	능할 능	날 생

난	조	지	상			공	경	지	심
難	遭	之	想			恭	敬	之	心
어려울 난	만날 조	어조사 지	생각 상			공손할 공	공경할 경	어조사 지	마음 심

오욕락만 탐착하여 부질없는 억측과 그릇된 소견의 그물에 걸리기 십상이기 때문이니라.
다시 말해 중생은 여래가 항상 곁에 머물러서 열반하지 않는 것을 보게 되면,
곧 방자하고 교만한 마음이 나서 정진하는 데 싫증내며 게으름을 피우게 되느니라.
결국 부처님을 뵙기가 정말 어렵다는 생각을 하지 못하게 되고, 부처님을 공경하는 마음 역시 내지 못하게

시	고	여	래		이	방	편	설	
是	故	如	來		以	方	便	說	
이 시	연고 고	같을 여	올 래		써 이	처방 방	편할 편	말씀 설	

비	구	당	지		제	불	출	세	
比	丘	當	知		諸	佛	出	世	
견줄 비	언덕 구	마땅히 당	알 지		모든 제	부처 불	날 출	세상 세	

난	가	치	우		소	이	자	하	
難	可	値	遇		所	以	者	何	
어려울 난	가히 가	만날 치	만날 우		바 소	써 이	놈 자	어찌 하	

제	박	덕	인		과	무	량	백	천
諸	薄	德	人		過	無	量	百	千
모든 제	엷을 박	덕 덕	사람 인		지날 과	없을 무	헤아릴 량	일백 백	일천 천

만	억	겁			혹	유	견	불	혹
萬	億	劫			或	有	見	佛	或
일만 만	억 억	겁 겁			혹 혹	있을 유	볼 견	부처 불	혹 혹

되느니라. 그러므로 여래는 방편으로써 다음과 같이 말하느니라.
'비구들이여, 마땅히 잘 명심하여라. 부처님께서 세상에 출현하시는 것을
만나 뵙기란 대단히 어려운 일이니라!' 왜냐하면 공덕이 얕은 사람들은
한량없는 백천만억 겁이 지나게 되면 혹 부처님을 친견하는 자가 있기도 하지만,

불	견	자		이	차	사	고		아
不	見	者		以	此	事	故		我
아닐 불	볼 견	놈 자		써 이	이 차	일 사	연고 고		나 아

작	시	언		제	비	구		여	래
作	是	言		諸	比	丘		如	來
지을 작	이 시	말씀 언		모든 제	견줄 비	언덕 구		같을 여	올 래

난	가	득	견		사	중	생	등
難	可	得	見		斯	衆	生	等
어려울 난	가히 가	얻을 득	볼 견		이 사	무리 중	날 생	무리 등

문	여	시	어		필	당	생	어
聞	如	是	語		必	當	生	於
들을 문	같을 여	이 시	말씀 어		반드시 필	마땅히 당	날 생	어조사 어

난	조	지	상		심	회	연	모
難	遭	之	想		心	懷	戀	慕
어려울 난	만날 조	어조사 지	생각 상		마음 심	품을 회	사모할 연	그리워할 모

그래도 친견하지 못하는 자들이 태반이기 때문이니라. 그렇기 때문에 내 말하기를
'모든 비구들이여, 여래는 정말 만나 뵙기 어렵도다!' 라고 하는 것이니라.
중생들이 이런 말을 듣게 되면 정말로 만나 뵙기 어렵다는
생각을 내어서, 마음에 사모하는 마음을 품고

갈	앙	어	불		변	종	선	근
渴	仰	於	佛		便	種	善	根
목마를 갈	우러를 앙	어조사 어	부처 불		문득 변	심을 종	착할 선	뿌리 근

시	고	여	래		수	불	실	멸
是	故	如	來		雖	不	實	滅
이 시	연고 고	같을 여	올 래		비록 수	아닐 불	진실 실	멸할 멸

이	언	멸	도		우	선	남	자
而	言	滅	度		又	善	男	子
말이을 이	말씀 언	멸할 멸	건널 도		또 우	착할 선	사내 남	아들 자

제	불	여	래		법	개	여	시
諸	佛	如	來		法	皆	如	是
모든 제	부처 불	같을 여	올 래		법 법	다 개	같을 여	이 시

위	도	중	생		개	실	불	허
爲	度	衆	生		皆	實	不	虛
위할 위	건널 도	무리 중	날 생		다 개	진실 실	아닐 불	빌 허

목마르게 부처님을 그리워하여 문득 선근을 심게 되느니라.
그러므로 여래는 사실 완전한 열반에 들지 않으면서도 '열반한다'고 말하는 것이니라.
또 선남자들이여! 모든 부처님 여래의 법은 다 그와 같이
중생을 제도하기 위한 것으로 모두 사실이며 헛되지 않느니라.

제16 여래수량품

비	여	양	의		지	혜	총	달
譬	如	良	醫		智	慧	聰	達
비유할 비	같을 여	어질 양	의원 의		슬기 지	지혜 혜	귀 밝을 총	통달할 달

명	련	방	약		선	치	중	병
明	練	方	藥		善	治	衆	病
밝을 명	익힐 련	처방 방	약 약		착할 선	다스릴 치	무리 중	병들 병

기	인		다	제	자	식		약	십
其	人		多	諸	子	息		若	十
그 기	사람 인		많을 다	모든 제	아들 자	자식 식		만약 약	열 십

이	십		내	지	백	수		이	유
二	十		乃	至	百	數		以	有
두 이	열 십		이에 내	이를 지	일백 백	셀 수		써 이	있을 유

사	연		원	지	여	국		제	자
事	緣		遠	至	餘	國		諸	子
일 사	인연 연		멀 원	이를 지	남을 여	나라 국		모든 제	아들 자

예를 들어 지혜롭고 총명하며 사리에도 밝은 어떤 훌륭한 의사가 있었다고 하자.
그는 약을 조제하는 데에 훤히 능숙하여, 온갖 병들을 잘 치료하였느니라.
그 의사는 슬하에 자식이 많아서, 열 명에서 스무 명 심지어 나중에는 백 명이나 두게 되었느니라.
그런데 아버지가 잠시 볼 일이 있어 멀리 다른 나라에 가고 없는 동안에

어	후		음	타	독	약		약	발
於	後		飲	他	毒	藥		藥	發
어조사 어	뒤 후		마실 음	다를 타	독 독	약 약		약 약	필 발

민	란		완	전	우	지		시	시
悶	亂		宛	轉	于	地		是	時
번민할 민	어지러울 란		굽을 완	구를 전	어조사 우	땅 지		이 시	때 시

기	부		환	래	귀	가		제	자
其	父		還	來	歸	家		諸	子
그 기	아비 부		돌아올 환	올 래	돌아갈 귀	집 가		모든 제	아들 자

음	독		혹	실	본	심		혹	불
飲	毒		或	失	本	心		或	不
마실 음	독 독		혹 혹	잃을 실	근본 본	마음 심		혹 혹	아닐 불

실	자		요	견	기	부		개	대
失	者		遙	見	其	父		皆	大
잃을 실	놈 자		멀 요	볼 견	그 기	아비 부		다 개	큰 대

아이들이 잘못하여 독약을 마셔버렸느니라. 차츰 약기운이 번지자 그들은 괴로워서
정신없이 땅에 뒹굴며 몸부림쳤느니라. 마침 이때 아버지가 집에 돌아오시게 되었느니라.
독약 먹고 괴로워하다가 본심을 잃고 정신착란이 된 아이도 있었고,
아직 본심까지는 잃지 않은 아이도 있었느니라. 그들은 모두 멀리서 아버지를 보고

환	희		배	궤	문	신		선	안
歡	喜		拜	跪	問	訊		善	安
기쁠 환	기쁠 희		절 배	꿇어앉을 궤	물을 문	물을 신		착할 선	편안할 안

은	귀		아	등	우	치		오	복
隱	歸		我	等	愚	癡		誤	服
편안할 은	돌아갈 귀		나 아	무리 등	어리석을 우	어리석을 치		그릇할 오	먹을 복

독	약		원	견	구	료		갱	사
毒	藥		願	見	救	療		更	賜
독 독	약 약		원할 원	볼 견	건질 구	병고칠 료		다시 갱	줄 사

수	명		부	견	자	등		고	뇌
壽	命		父	見	子	等		苦	惱
목숨 수	목숨 명		아비 부	볼 견	아들 자	무리 등		괴로울 고	괴로워할 뇌

여	시		의	제	경	방		구	호
如	是		依	諸	經	方		求	好
같을 여	이 시		의지할 의	모든 제	다스릴 경	처방 방		구할 구	좋을 호

크게 기뻐하며, 무릎을 꿇고 절하면서 문안하였느니라.
'아버지, 안녕히 다녀오셨어요? 저희들은 어리석게도 잘못 독약을 먹었사옵니다.
그러니 제발 병을 치료해주시어 다시 살려주세요!'
아버지는 아이들이 괴로움으로 몸부림치는 것을 보고는 여러 약방문에 의거하여,

약	초		색	향	미	미		개	실
藥	草		色	香	美	味		皆	悉
약 약	풀 초		빛 색	향기 향	아름다울 미	맛 미		다 개	다 실

구	족		도	사	화	합		여	자
具	足		擣	篩	和	合		與	子
갖출 구	족할 족		찧을 도	체 사	화평할 화	합할 합		줄 여	아들 자

영	복		이	작	시	언		차	대
令	服		而	作	是	言		此	大
하여금 영	먹을 복		말이을 이	지을 작	이 시	말씀 언		이 차	큰 대

양	약		색	향	미	미		개	실
良	藥		色	香	美	味		皆	悉
좋을 양	약 약		빛 색	향기 향	아름다울 미	맛 미		다 개	다 실

구	족		여	등	가	복		속	제
具	足		汝	等	可	服		速	除
갖출 구	족할 족		너 여	무리 등	가히 가	먹을 복		빠를 속	제할 제

빛깔은 물론 향과 맛까지 잘 갖추어진 좋은 약초를 구해다가
찧고 체로 치고 섞어서 아이들에게 먹으라고 갖다 주면서 이렇게 말하였느니라.
'이것은 영험이 매우 뛰어난 약이니라. 빛깔도 좋고
향기도 그만인 데다가 맛까지 좋아서, 너희들이 먹기만 하면

고	뇌		무	부	중	환		기	제
苦	惱		無	復	衆	患		其	諸
괴로울 고	괴로워할 뇌		없을 무	다시 부	무리 중	근심 환		그 기	모든 제

자	중		불	실	심	자		견	차
子	中		不	失	心	者		見	此
아들 자	가운데 중		아닐 불	잃을 실	마음 심	놈 자		볼 견	이 차

양	약		색	향	구	호		즉	변
良	藥		色	香	俱	好		卽	便
좋을 양	약 약		빛 색	향기 향	함께 구	좋을 호		곧 즉	문득 변

복	지		병	진	제	유		여	실
服	之		病	盡	除	愈		餘	失
먹을 복	어조사 지		병들 병	다할 진	제할 제	나을 유		남을 여	잃을 실

심	자		견	기	부	래		수	역
心	者		見	其	父	來		雖	亦
마음 심	놈 자		볼 견	그 기	아비 부	올 래		비록 수	또 역

금방 아픈 것이 낫고 다른 나쁜 질환들도 싹 없어지리라.'
자식들 가운데 본심을 잃지 않은 아이들은 아버지가 주시는 약이
빛깔은 물론 향기까지 좋은 것을 보고 바로 먹었는데, 그러자 병이 다 낫게 되었느니라.
그렇지만 정신착란이 된 나머지 다른 애들은 아버지가 오신 걸 보고

환	희	문	신		구	색	치	병
歡	喜	問	訊		求	索	治	病
기쁠 환	기쁠 희	물을 문	물을 신		구할 구	찾을 색	다스릴 치	병들 병

연	여	기	약		이	불	긍	복
然	與	其	藥		而	不	肯	服
그러할 연	줄 여	그 기	약 약		말이을 이	아닐 불	즐길 긍	먹을 복

소	이	자	하		독	기	심	입
所	以	者	何		毒	氣	深	入
바 소	써 이	놈 자	어찌 하		독 독	기운 기	깊을 심	들 입

실	본	심	고		어	차	호	색	향
失	本	心	故		於	此	好	色	香
잃을 실	근본 본	마음 심	연고 고		어조사 어	이 차	좋을 호	빛 색	향기 향

약		이	위	불	미		부	작	시
藥		而	謂	不	美		父	作	是
약 약		말이을 이	이를 위	아닐 불	아름다울 미		아비 부	지을 작	이 시

기뻐하며 인사도 드리고 병을 낫게 해달라고 말은 했으면서도,
아버지가 주시는 약을 기꺼이 먹으려고 하지 않았느니라.
왜냐하면 이미 독기가 깊이 스며들어 본심까지 잃고 정신착란이 되었기 때문이니라.
그래서 이렇게 빛깔과 향기가 좋은 영약조차 별로 달갑게 여기지 않았던 것이니라.

제16 여래수량품

념		차	자	가	민		위	독	소
念		此	子	可	愍		爲	毒	所
생각 념		이 차	아들 자	가히 가	가엾을 민		할 위	독 독	바 소

중		심	개	전	도		수	견	아
中		心	皆	顚	倒		雖	見	我
맞을 중		마음 심	다 개	넘어질 전	넘어질 도		비록 수	볼 견	나 아

희		구	색	구	료		여	시	호
喜		求	索	救	療		如	是	好
기쁠 희		구할 구	찾을 색	건질 구	병고칠 료		같을 여	이 시	좋을 호

약		이	불	긍	복		아	금	
藥		而	不	肯	服		我	今	
약 약		말이을 이	아닐 불	즐길 긍	먹을 복		나 아	이제 금	

당	설	방	편		영	복	차	약
當	設	方	便		令	服	此	藥
마땅히 당	베풀 설	처방 방	편할 편		하여금 영	먹을 복	이 차	약 약

아버지는 생각하기를, '참 불쌍한 녀석들 같으니라고! 독약에 중독되어서 마음이 완전히 거꾸로 착란되었구나! 그래 비록 날 보고 반색하며 고쳐달라고 애걸해서, 이렇게 좋은 약을 줬는데도 정작 먹지를 않다니……. 하지만 내 지금 마땅히 무슨 방편을 써서라도 꼭 이 약을 먹게끔 하리라!'

즉	작	시	언		여	등	당	지
卽	作	是	言		汝	等	當	知
곧 즉	지을 작	이 시	말씀 언		너 여	무리 등	마땅히 당	알 지

아	금	쇠	로		사	시	이	지
我	今	衰	老		死	時	已	至
나 아	이제 금	쇠할 쇠	늙을 로		죽을 사	때 시	이미 이	이를 지

시	호	양	약		금	류	재	차
是	好	良	藥		今	留	在	此
이 시	좋을 호	좋을 양	약 약		이제 금	머무를 류	있을 재	이 차

여	가	취	복		물	우	불	차
汝	可	取	服		勿	憂	不	差
너 여	가히 가	취할 취	먹을 복		말 물	근심할 우	아닐 불	나을 차

작	시	교	이		부	지	타	국
作	是	敎	已		復	至	他	國
지을 작	이 시	가르침 교	마칠 이		다시 부	이를 지	다를 타	나라 국

이윽고 아이들에게 다음과 같이 말하였느니라. '너희들은 마땅히 잘 들어라.
나도 이제 늙어서 어언 죽을 때가 다가왔구나. 내가 지금 여기에다 이 약을 놓아둘 터이니,
너희들은 아무 때나 가져다가 먹도록 하여라. 그리고 혹시 차도가 없을까 하는
쓸데없는 걱정일랑 아예 하지도 마라.' 이렇게 일러두고는 다시 다른 나라로 가서

견	사	환	고		여	부	이	사
遣	使	還	告		汝	父	已	死
보낼 견	부릴 사	돌아갈 환	알릴 고		너 여	아비 부	이미 이	죽을 사

시	시	제	자		문	부	배	상
是	時	諸	子		聞	父	背	喪
이 시	때 시	모든 제	아들 자		들을 문	아비 부	등질 배	죽을 상

심	대	우	뇌		이	작	시	념
心	大	憂	惱		而	作	是	念
마음 심	큰 대	근심할 우	괴로워할 뇌		말이을 이	지을 작	이 시	생각 념

약	부	재	자		자	민	아	등
若	父	在	者		慈	愍	我	等
만약 약	아비 부	있을 재	놈 자		사랑할 자	가엾을 민	나 아	무리 등

능	견	구	호		금	자	사	아
能	見	救	護		今	者	捨	我
능할 능	볼 견	건질 구	보호할 호		이제 금	놈 자	버릴 사	나 아

사람을 보내어 소식을 전하되, '너희 아버지가 벌써 돌아가셨다!'
이때 모든 아이들은 아버지가 자기들을 저버린 채 돌아가셨다는 말을 듣자
마음으로 크게 슬퍼하며 생각하기를, '만일 아버지가 살아 계셨다면
우리들을 불쌍히 여기고 능히 구해주셨을 텐데……. 지금 우리를 버리고

원	상	타	국		자	유	고	로
遠	喪	他	國		自	惟	孤	露
멀 원	죽을 상	다를 타	나라 국		스스로 자	생각할 유	외로울 고	드러날 로

무	부	시	호		상	회	비	감
無	復	恃	怙		常	懷	悲	感
없을 무	다시 부	믿을 시	믿을 호		항상 상	품을 회	슬플 비	느낄 감

심	수	성	오		내	지	차	약
心	遂	醒	悟		乃	知	此	藥
마음 심	드디어 수	깰 성	깨달을 오		이에 내	알 지	이 차	약 약

색	미	향	미		즉	취	복	지
色	味	香	美		卽	取	服	之
빛 색	맛 미	향기 향	아름다울 미		곧 즉	취할 취	먹을 복	어조사 지

독	병	개	유		기	부	문	자
毒	病	皆	愈		其	父	聞	子
독 독	병들 병	다 개	나을 유		그 기	아비 부	들을 문	아들 자

멀리 타국에서 돌아가셨으니 어찌해야 좋은가! 졸지에 우리는 부모 없이 의지할 데 하나 없는
진짜 고아가 되어버리고 말았구나!' 그들은 계속 비탄에 젖어 슬퍼하다가 마침내 정신을 차리게 되었느니라.
그리고 나서 이전에 아버지가 놓고 가셨던 약이 빛깔뿐 아니라 향과 맛도 아주 좋은 것을 알아차렸느니라.
그리하여 이내 약을 갖다가 먹고 나니, 독약으로 생겼던 병들이 깨끗이 낫게 되었느니라. 아버지는

제16 여래수량품

실	이	득	차		심	변	래	귀
悉	已	得	差		尋	便	來	歸
다실	이미이	얻을득	나을차		곧심	문득변	올래	돌아갈귀

함	사	견	지		제	선	남	자
咸	使	見	之		諸	善	男	子
다함	하여금사	볼견	어조사지		모든제	착할선	사내남	아들자

어	의	운	하		파	유	인		능
於	意	云	何		頗	有	人		能
어조사어	뜻의	이를운	어찌하		자못파	있을유	사람인		능할능

설	차	양	의		허	망	죄	부
說	此	良	醫		虛	妄	罪	不
말씀설	이차	어질양	의원의		빌허	허망할망	허물죄	아닐부

불	야	세	존		불	언		아	역
不	也	世	尊		佛	言		我	亦
아닐불	어조사야	세상세	높을존		부처불	말씀언		나아	또역

아이들의 병이 다 나았다는 소식을 듣자, 곧 고국으로 돌아가서 아이들과 상봉하였느니라.
모든 선남자들이여, 어떻게 생각하느냐? 과연 의사가 거짓말을 했다고 비난할 수 있겠느냐?"
"절대 그럴 수 없습니다, 세존이시여!"
부처님께서 말씀하셨다.

여	시		성	불	이	래		무	량
如	是		成	佛	已	來		無	量
같을 여	이 시		이룰 성	부처 불	이미 이	올 래		없을 무	헤아릴 량

무	변		백	천	만	억		나	유
無	邊		百	千	萬	億		那	由
없을 무	가 변		일백 백	일천 천	일만 만	억 억		어찌 나	말미암을 유

타		아	승	기	겁		위	중	생
他		阿	僧	祇	劫		爲	衆	生
다를 타		언덕 아	중 승	토지신 기	겁 겁		위할 위	무리 중	날 생

고		이	방	편	력		언	당	멸
故		以	方	便	力		言	當	滅
연고 고		써 이	처방 방	편할 편	힘 력		말씀 언	마땅히 당	멸할 멸

도		역	무	유	능	여	법	설
度		亦	無	有	能	如	法	說
건널 도		또 역	없을 무	있을 유	능할 능	같을 여	법 법	말씀 설

"나도 역시 그 의사의 경우와 마찬가지니라. 즉 나는 성불한 지가
이미 한량없고 끝없는 백천만억 나유타 아승기 겁이나 되었느니라.
그런데 중생들을 교화하기 위하여 방편력으로써 '앞으로 열반할 것'이라고 말했느니라.
또한 그렇지만 법 자체만으로 분명하게

아	허	망	과	자		이	시	세	존
我	虛	妄	過	者		爾	時	世	尊
나 아	빌 허	허망할 망	허물 과	놈 자		그 이	때 시	세상 세	높을 존
욕	중	선	차	의		이	설	게	언
欲	重	宣	此	義		而	說	偈	言
하고자할 욕	거듭할 중	베풀 선	이 차	의미 의		말이을 이	말씀 설	게송 게	말씀 언
자	아	득	불	래		소	경	제	겁
自	我	得	佛	來		所	經	諸	劫
~로부터 자	나 아	얻을 득	부처 불	올 래		바 소	지날 경	모든 제	겁 겁
수		무	량	백	천	만		억	재
數		無	量	百	千	萬		億	載
셀 수		없을 무	헤아릴 량	일백 백	일천 천	일만 만		억 억	해 재
아	승	기		상	설	법	교	화	
阿	僧	祇		常	說	法	敎	化	
언덕 아	중 승	토지신 기		항상 상	말씀 설	법 법	가르칠 교	화할 화	

내가 거짓말을 했다고 비난할 수는 없을 것이니라."
그때 세존께서 거듭 의미를 표현하시고자 게송으로 말씀하셨다.
　　내가 성불한 이래 지나간 겁의 수만 해도 헤아릴 수 없는
　　백천만억 아승기 겁의 무량 세월이니라. 항상 설법하며

무	수	억	중	생		영	입	어	불
無	數	億	衆	生		令	入	於	佛
없을무	셀수	억억	무리중	날생		하여금영	들입	어조사어	부처불

도		이	래	무	량	겁		위	도
道		爾	來	無	量	劫		爲	度
길도		그이	올래	없을무	헤아릴량	겁겁		위할위	건널도

중	생	고		방	편	현	열	반	
衆	生	故		方	便	現	涅	槃	
무리중	날생	연고고		처방방	편할편	나타날현	개흙열	쟁반반	

이	실	불	멸	도		상	주	차	설
而	實	不	滅	度		常	住	此	說
말이을이	진실실	아닐불	멸할멸	건널도		항상상	머물주	이차	말씀설

법		아	상	주	어	차		이	제
法		我	常	住	於	此		以	諸
법법		나아	항상상	머물주	어조사어	이차		써이	모든제

무수억 중생들을 교화하여 불도에 들게 하다보니 어느 덧 한량없는 겁이 지났노라.
중생을 제도하기 위하여 방편으로 열반을 나타내지만
사실은 열반하지 않은 채 늘 여기 머물러 설법하나니,
내 항상 여기에 머물지만

신	통	력		영	전	도	중	생
神	通	力		令	顚	倒	衆	生
신통력 신	통할 통	힘 력		하여금 영	넘어질 전	넘어질 도	무리 중	날 생

수	근	이	불	견		중	견	아	멸
雖	近	而	不	見		衆	見	我	滅
비록 수	가까울 근	말이을 이	아닐 불	볼 견		무리 중	볼 견	나 아	멸할 멸

도		광	공	양	사	리		함	개
度		廣	供	養	舍	利		咸	皆
건널 도		넓을 광	이바지할 공	기를 양	집 사	이로울 리		다 함	다 개

회	연	모		이	생	갈	앙	심
懷	戀	慕		而	生	渴	仰	心
품을 회	사모할 연	그리워할 모		말이을 이	날 생	목마를 갈	우러를 앙	마음 심

중	생	기	신	복		질	직	의	유
衆	生	旣	信	伏		質	直	意	柔
무리 중	날 생	이미 기	믿을 신	엎드릴 복		바탕 질	곧을 직	뜻 의	부드러울 유

> 온갖 신통력으로써 생각이 전도된 중생들은 비록 가까이 있어도 보지 못하게 하노라.
> 중생들이 내 열반함을 보고 널리 사리에 공양하며
> 모두 사모하는 마음으로 간절히 그리워하는 마음을 내거늘,
> 중생들이 참으로 믿고 조복되어 순박하고 정직하며 뜻이 부드럽고

연		일	심	욕	견	불		부	자
軟		一	心	欲	見	佛		不	自
연할 연		한 일	마음 심	하고자할 욕	볼 견	부처 불		아닐 부	스스로 자

석	신	명		시	아	급	중	승	
惜	身	命		時	我	及	衆	僧	
아낄 석	몸 신	목숨 명		때 시	나 아	및 급	무리 중	중 승	

구	출	영	취	산		아	시	어	중
俱	出	靈	鷲	山		我	時	語	衆
함께 구	날 출	신령 영	독수리 취	뫼 산		나 아	때 시	말씀 어	무리 중

생		상	재	차	불	멸		이	방
生		常	在	此	不	滅		以	方
날 생		항상 상	있을 재	이 차	아닐 불	멸할 멸		써 이	처방 방

편	력	고		현	유	멸	불	멸	
便	力	故		現	有	滅	不	滅	
편할 편	힘 력	연고 고		나타날 현	있을 유	멸할 멸	아닐 불	멸할 멸	

> 일심으로 부처님 뵙고자 목숨도 아끼지 아니하면
> 그때 나와 비구들이 함께 영취산에 출현하노라.
> 그리고는 내가 중생에게 말하기를, '나는 항상 이곳에 있으면서 열반하지 않건만
> 방편력을 쓰기 때문에 어떤 때는 열반했다가 하지 않았다가 하노라.'

여	국	유	중	생		공	경	신	요
餘	國	有	衆	生		恭	敬	信	樂
남을 여	나라 국	있을 유	무리 중	날 생		공손할 공	공경할 경	믿을 신	좋아할 요

자		아	부	어	피	중		위	설
者		我	復	於	彼	中		爲	說
놈 자		나 아	다시 부	어조사 어	저 피	가운데 중		위할 위	말씀 설

무	상	법		여	등	불	문	차
無	上	法		汝	等	不	聞	此
없을 무	위 상	법 법		너 여	무리 등	아닐 불	들을 문	이 차

단	위	아	멸	도		아	견	제	중
但	謂	我	滅	度		我	見	諸	衆
다만 단	이를 위	나 아	멸할 멸	건널 도		나 아	볼 견	모든 제	무리 중

생		몰	재	어	고	뇌		고	불
生		沒	在	於	苦	惱		故	不
날 생		빠질 몰	있을 재	어조사 어	괴로울 고	괴로워할 뇌		연고 고	아닐 불

그러나 다른 세계에서도 공경스레 믿고 좋아하는 이가 있으면
내 다시 그들 가운데에도 나타나 그들을 위해 위없이 높은 법을 설하노라.
너희들은 이 사실을 듣지 못하여 내가 열반한 줄로만 여기나
내 보건대 모든 중생들이 고통 속에 빠져 있기에,

위	현	신		영	기	생	갈	앙
爲	現	身		令	其	生	渴	仰
할위	나타날현	몸신		하여금영	그기	날생	목마를갈	우러를앙

인	기	심	연	모		내	출	위	설
因	其	心	戀	慕		乃	出	爲	說
인할인	그기	마음심	사모할연	그리워할모		이에내	날출	할위	말씀설

법		신	통	력	여	시		어	아
法		神	通	力	如	是		於	阿
법법		신통할신	통할통	힘력	같을여	이시		어조사어	언덕아

승	기	겁		상	재	영	취	산
僧	祇	劫		常	在	靈	鷲	山
중승	토지신기	겁겁		항상상	있을재	신령영	독수리취	뫼산

급	여	제	주	처		중	생	견	겁
及	餘	諸	住	處		衆	生	見	劫
및급	남을여	모든제	머물주	곳처		무리중	날생	볼견	겁겁

일부러 몸을 나타내지 아니하고 그들로 하여금 갈앙심을 내도록 해서
마음의 사모하는 정성이 지극해진 다음에야 비로소 그들에게 나타나 법을 설하나니,
이와 같은 신통의 힘으로 아승기 겁의 무량 세월 동안
항상 영취산과 다른 여러 곳에서 살고 있노라. 중생들 언젠가 겁이 다하여

진		대	화	소	소	시		아	차
盡		大	火	所	燒	時		我	此
다할 진		큰 대	불 화	바 소	사를 소	때 시		나 아	이 차

토	안	은		천	인	상	충	만	
土	安	隱		天	人	常	充	滿	
흙 토	편안할 안	편안할 은		하늘 천	사람 인	항상 상	찰 충	찰 만	

원	림	제	당	각		종	종	보	장
園	林	諸	堂	閣		種	種	寶	莊
동산 원	수풀 림	모든 제	집 당	문설주 각		종류 종	종류 종	보배 보	꾸밀 장

엄		보	수	다	화	과		중	생
嚴		寶	樹	多	花	果		衆	生
엄할 엄		보배 보	나무 수	많을 다	꽃 화	실과 과		무리 중	날 생

소	유	락		제	천	격	천	고	
所	遊	樂		諸	天	擊	天	鼓	
바 소	놀 유	즐길 락		모든 제	하늘 천	칠 격	하늘 천	북 고	

> 온 천지가 불에 타는 것을 볼 때에도 나의 정토세계는 안락하나니
> 하늘천신과 사람들 항상 가득하며, 동산과 숲 속의 많은 집과 누각들은
> 여러 가지 보배로 장엄된 데다 보배나무에 꽃과 과실이 무성하매
> 중생들 즐거이 노닐고, 하늘천신들은 하늘북을 두둥둥~ 울리며

상	작	중	기	악		우	만	다	라
常	作	衆	伎	樂		雨	曼	陀	羅
항상 상	지을 작	무리 중	재주 기	풍류 악		비 우	아름다울 만	비탈질 타(다)	새그물 라

화		산	불	급	대	중		아	정
花		散	佛	及	大	衆		我	淨
꽃 화		흩을 산	부처 불	및 급	큰 대	무리 중		나 아	깨끗할 정

토	불	훼		이	중	견	소	진
土	不	毀		而	衆	見	燒	盡
흙 토	아닐 불	헐 훼		말 이을 이	무리 중	볼 견	사를 소	다할 진

우	포	제	고	뇌		여	시	실	충
憂	怖	諸	苦	惱		如	是	悉	充
근심할 우	두려워할 포	모든 제	괴로울 고	괴로워할 뇌		같을 여	이 시	다 실	찰 충

만		시	제	죄	중	생		이	악
滿		是	諸	罪	衆	生		以	惡
찰 만		이 시	모든 제	허물 죄	무리 중	날 생		써 이	악할 악

끊임없이 여러 악기 연주할 뿐더러 만다라 꽃비를 내려
부처님과 대중 위에 흩뿌릴 것이로다. 나의 정토 이렇게 무너지지 않건만
중생들은 불에 타서 없어지는 것으로 보며 근심과 두려움 그리고 각종 괴로움
그와 같은 고통들로 만연한 줄 인식하거니, 죄 많은 여러 중생들은

업	인	연		과	아	승	기	겁
業	因	緣		過	阿	僧	祇	劫
업 업	인할 인	인연 연		지날 과	언덕 아	중 승	토지신 기	겁 겁

불	문	삼	보	명		제	유	수	공
不	聞	三	寶	名		諸	有	修	功
아닐 불	들을 문	석 삼	보배 보	이름 명		모든 제	있을 유	닦을 수	공 공

덕		유	화	질	직	자		즉	개
德		柔	和	質	直	者		則	皆
덕 덕		부드러울 유	화평할 화	바탕 질	곧을 직	놈 자		곧 즉	다 개

견	아	신		재	차	이	설	법
見	我	身		在	此	而	說	法
볼 견	나 아	몸 신		있을 재	이 차	말이을 이	말씀 설	법 법

혹	시	위	차	중		설	불	수	무
或	時	爲	此	衆		說	佛	壽	無
혹 혹	때 시	위할 위	이 차	무리 중		말씀 설	부처 불	목숨 수	없을 무

악업의 인연 때문에 아승기 겁 지내도록 삼보의 이름조차 듣지 못하되,
모든 공덕을 잘 닦고 부드럽고 온화하며 곧은 사람은
내가 이곳에 있으면서 설법하는 것을 전부 보리라.
어떤 때는 그런 대중 위하여 부처님의 수명이 한량없다고 말하거니와

량		구	내	견	불	자		위	설
量		久	乃	見	佛	者		爲	說
헤아릴 량		오랠 구	이에 내	볼 견	부처 불	놈 자		할 위	말씀 설

불	난	치		아	지	력	여	시
佛	難	値		我	智	力	如	是
부처 불	어려울 난	만날 치		나 아	슬기 지	힘 력	같을 여	이 시

혜	광	조	무	량		수	명	무	수
慧	光	照	無	量		壽	命	無	數
지혜 혜	빛 광	비출 조	없을 무	헤아릴 량		목숨 수	목숨 명	없을 무	셀 수

겁		구	수	업	소	득		여	등
劫		久	修	業	所	得		汝	等
겁 겁		오랠 구	닦을 수	업 업	바 소	얻을 득		너 여	무리 등

유	지	자		물	어	차	생	의
有	智	者		勿	於	此	生	疑
있을 유	슬기 지	놈 자		말 물	어조사 어	이 차	날 생	의심할 의

> 오랜만에 부처님을 보는 이에겐 부처님 뵙기가 매우 어렵다고 설하거늘,
> 부처님 지혜의 힘 이와 같으니 지혜로운 광명 끝없이 찬란할 뿐더러
> 수명도 헤아릴 수 없는 겁으로 오래도록 선업을 닦아 얻게 된 것이니라.
> 지혜로운 그대들은 이 점에 대해 조금도 의심하지 말며

당	단	령	영	진		불	어	실	불
當	斷	令	永	盡		佛	語	實	不
마땅히 당	끊을 단	하여금 령	길 영	다할 진		부처 불	말씀 어	진실 실	아닐 불

허		여	의	선	방	편		위	치
虛		如	醫	善	方	便		爲	治
빌 허		같을 여	의원 의	착할 선	처방 방	편할 편		위할 위	다스릴 치

광	자	고		실	재	이	언	사
狂	子	故		實	在	而	言	死
미칠 광	아들 자	연고 고		진실 실	있을 재	말이을 이	말씀 언	죽을 사

무	능	설	허	망		아	역	위	세
無	能	說	虛	妄		我	亦	爲	世
없을 무	능할 능	말씀 설	빌 허	허망할 망		나 아	또 역	할 위	세상 세

부		구	제	고	환	자		위	범
父		救	諸	苦	患	者		爲	凡
아비 부		건질 구	모든 제	괴로울 고	근심 환	놈 자		위할 위	무릇 범

마땅히 의심을 끊어서 아예 없애버릴지니 부처님 말씀은 진실하여 거짓이 없느니라.
마치 의사가 좋은 방편으로 미친 자식을 고치기 위하여 살아 있으면서도
죽었다고 소문낸 것을 진짜 거짓말했다고 비난할 수 없는 것처럼,
나 역시 세상의 아버지로서 고통 받고 괴로워하는 모든 이들을 구원하고자

부	전	도		실	재	이	언	멸
夫	顚	倒		實	在	而	言	滅
사나이 부	넘어질 전	넘어질 도		진실 실	있을 재	말이을 이	말씀 언	멸할 멸

이	상	견	아	고		이	생	교	자
以	常	見	我	故		而	生	憍	恣
써 이	항상 상	볼 견	나 아	연고 고		말이을 이	날 생	교만할 교	방자할 자

심		방	일	착	오	욕		타	어
心		放	逸	著	五	欲		墮	於
마음 심		놓을 방	놓을 일	잡을 착	다섯 오	욕심 욕		떨어질 타	어조사 어

악	도	중		아	상	지	중	생
惡	道	中		我	常	知	衆	生
악할 악	길 도	가운데 중		나 아	항상 상	알 지	무리 중	날 생

행	도	불	행	도		수	소	응	가
行	道	不	行	道		隨	所	應	可
행할 행	길 도	아닐 불	행할 행	길 도		따를 수	바 소	응할 응	가히 가

생각이 전도된 범부 중생들을 위하여 사실 살아 있으면서도 열반한다고 말하나니,
왜냐하면 어리석은 중생이 나를 항상 보게 되면 자칫 교만하고 방자한 마음이 생겨나
제멋대로 방일하며 오욕락에 집착하다가 십중팔구 악도에 떨어지게 되기 때문이니라.
내 언제나 중생이 도를 잘 닦는지 그렇지 않은지를 알아서 응당 제도될 근기에 맞추어

도		위	설	종	종	법		매	자
度		爲	說	種	種	法		每	自
건널 도		위할 위	말씀 설	종류 종	종류 종	법 법		매양 매	스스로 자

작	시	의		이	하	령	중	생	
作	是	意		以	何	令	衆	生	
지을 작	이 시	뜻 의		써 이	어찌 하	하여금 령	무리 중	날 생	

득	입	무	상	혜		속	성	취	불
得	入	無	上	慧		速	成	就	佛
얻을 득	들 입	없을 무	위 상	지혜 혜		빠를 속	이룰 성	이룰 취	부처 불

신									
身									
몸 신									

> 그들 위해 갖가지 법을 설하되,
> '어떻게 하면 중생들로 하여금 위없이 높은 지혜에
> 들어가게 하여 빨리 부처님 몸이 되게 할 수 있을까?'
> 매양 스스로 노심초사하노라.

제	십	칠		분	별	공	덕	품
第	十	七		分	別	功	德	品
차례 제	열 십	일곱 칠		나눌 분	나눌 별	공 공	덕 덕	가지 품

이	시	대	회	문	불	설	수
爾	時	大	會	聞	佛	說	壽
그 이	때 시	큰 대	모일 회	들을 문	부처 불	말씀 설	목숨 수

명	겁	수		장	원	여	시	무
命	劫	數		長	遠	如	是	無
목숨 명	겁 겁	셀 수		길 장	멀 원	같을 여	이 시	없을 무

량	무	변		아	승	기	중	생
量	無	邊		阿	僧	祇	衆	生
헤아릴 량	없을 무	가 변		언덕 아	중 승	토지신 기	무리 중	날 생

득	대	요	익	어	시	세	존
得	大	饒	益	於	時	世	尊
얻을 득	큰 대	넉넉할 요	더할 익	어조사 어	때 시	세상 세	높을 존

제17 분별공덕품
그때 큰 법회에서 부처님 수명의 길이가 그처럼 영원하다고 말씀하시는 것을 듣고,
무량무변한 아승기 수의 많은 중생들이 큰 이익을 얻게 되었다.
이때 세존께서

고	미	륵	보	살	마	하	살		아
告	彌	勒	菩	薩	摩	訶	薩		阿
알릴 고	두루찰 미	굴레 륵	보리 보	보살 살	갈 마	꾸짖을 가(하)	보살 살		언덕 아

일	다		아	설	시		여	래	수
逸	多		我	說	是		如	來	壽
편안할 일	많을 다		나 아	말씀 설	이 시		같을 여	올 래	목숨 수

명	장	원	시		육	백	팔	십	만
命	長	遠	時		六	百	八	十	萬
목숨 명	길 장	멀 원	때 시		여섯 육	일백 백	여덟 팔	열 십	일만 만

억		나	유	타		항	하	사	중
億		那	由	他		恒	河	沙	衆
억 억		어찌 나	말미암을 유	다를 타		항상 항	물 하	모래 사	무리 중

생		득	무	생	법	인		부	유
生		得	無	生	法	忍		復	有
날 생		얻을 득	없을 무	날 생	법 법	참을 인		다시 부	있을 유

미륵 보살마하살에게 이르시었다.
"아일다보살이여!
내가 여래의 수명이 영원하다고 법문할 때,
육백팔십만억 나유타 항하의 모래알처럼 많은 중생들이 무생법인을 얻었느니라.

천	배		보	살	마	하	살		득
千	倍		菩	薩	摩	訶	薩		得
일천 천	곱 배		보리 보	보살 살	갈 마	꾸짖을 가(하)	보살 살		얻을 득

문	지	다	라	니	문		부	유	일
聞	持	陀	羅	尼	門		復	有	一
들을 문	가질 지	비탈질 타(다)	새그물 라	여승 니	문 문		다시 부	있을 유	한 일

세	계		미	진	수		보	살	마
世	界		微	塵	數		菩	薩	摩
세상 세	지경 계		작을 미	티끌 진	셀 수		보리 보	보살 살	갈 마

하	살		득	요	설	무	애	변	재
訶	薩		得	樂	說	無	礙	辯	才
꾸짖을 가(하)	보살 살		얻을 득	좋아할 요	말씀 설	없을 무	거리낄 애	말 잘할 변	재주 재

부	유	일	세	계		미	진	수
復	有	一	世	界		微	塵	數
다시 부	있을 유	한 일	세상 세	지경 계		작을 미	티끌 진	셀 수

다시 그 천 배에 해당하는 무수한 보살마하살들이 문지다라니문을 얻었느니라.
게다가 한 세계의 티끌수에 해당하는 보살마하살들이
자유자재로 걸림없이 설법 잘하는 변재를 얻었고,
또 한 세계의 티끌수에 해당하는

제17 분별공덕품

보	살	마	하	살		득	백	천	만
菩	薩	摩	訶	薩		得	百	千	萬
보리 보	보살 살	갈 마	꾸짖을 가(하)	보살 살		얻을 득	일백 백	일천 천	일만 만

억		무	량	선	다	라	니		부
億		無	量	旋	陀	羅	尼		復
억 억		없을 무	헤아릴 량	돌 선	비탈질 타(다)	새그물 라	여승 니		다시 부

유	삼	천	대	천	세	계		미	진
有	三	千	大	千	世	界		微	塵
있을 유	석 삼	일천 천	큰 대	일천 천	세상 세	지경 계		작을 미	티끌 진

수		보	살	마	하	살		능	전
數		菩	薩	摩	訶	薩		能	轉
셀 수		보리 보	보살 살	갈 마	꾸짖을 가(하)	보살 살		능할 능	구를 전

불	퇴	법	륜		부	유	이	천	중
不	退	法	輪		復	有	二	千	中
아닐 불	물러날 퇴	법 법	바퀴 륜		다시 부	있을 유	두 이	일천 천	가운데 중

보살마하살들이 백천만억의 한량없는 선다라니를 얻었느니라.
다시 삼천대천의 온 세계 티끌수에 해당하는
보살마하살들이 불퇴전 법륜을 굴리게 되었으며,
또 이천중천세계의

국	토		미	진	수		보	살	마
國	土		微	塵	數		菩	薩	摩
나라국	흙토		작을미	티끌진	셀수		보리보	보살살	갈마

하	살		능	전	청	정	법	륜
訶	薩		能	轉	淸	淨	法	輪
꾸짖을 가(하)	보살살		능할능	구를전	맑을청	깨끗할정	법법	바퀴륜

부	유	소	천	국	토		미	진	수
復	有	小	千	國	土		微	塵	數
다시부	있을유	작을소	일천천	나라국	흙토		작을미	티끌진	셀수

보	살	마	하	살		팔	생	당	득
菩	薩	摩	訶	薩		八	生	當	得
보리보	보살살	갈마	꾸짖을 가(하)	보살살		여덟팔	날생	마땅히당	얻을득

아	뇩	다	라	삼	먁	삼	보	리
阿	耨	多	羅	三	藐	三	菩	提
언덕아	김맬누(녹)	많을다	새그물라	석삼	아득할막(먁)	석삼	보리보	끌제(리)

티끌수에 해당하는 무수한 보살마하살들이 청정 법륜을 굴릴 수 있게 되었느니라.
뿐만 아니라 소천세계의 티끌수에 해당하는
보살마하살들은 여덟 번 다시 태어난 뒤에 반드시
아뇩다라삼먁삼보리를 성취할 것이라는 확신을 얻었느니라.

부	유	사	사	천	하		미	진	수
復	有	四	四	天	下		微	塵	數
다시부	있을유	넉사	넉사	하늘천	아래하		작을미	티끌진	셀수

보	살	마	하	살		사	생	당	득
菩	薩	摩	訶	薩		四	生	當	得
보리보	보살살	갈마	꾸짖을가(하)	보살살		넉사	날생	마땅히당	얻을득

아	뇩	다	라	삼	먁	삼	보	리	
阿	耨	多	羅	三	藐	三	菩	提	
언덕아	김맬누(뇩)	많을다	새그물라	석삼	아득할막(먁)	석삼	보리보	끌제(리)	

부	유	삼	사	천	하		미	진	수
復	有	三	四	天	下		微	塵	數
다시부	있을유	석삼	넉사	하늘천	아래하		작을미	티끌진	셀수

보	살	마	하	살		삼	생	당	득
菩	薩	摩	訶	薩		三	生	當	得
보리보	보살살	갈마	꾸짖을가(하)	보살살		석삼	날생	마땅히당	얻을득

또 사천하 네 배의 티끌수에 해당하는 보살마하살들은
네 번 다시 태어난 뒤 아뇩다라삼먁삼보리를 성취하고,
사천하 세 배의 티끌수에 해당하는 보살마하살들은
세 번 다시 태어난 뒤

아	뇩	다	라	삼	먁	삼	보	리
阿	耨	多	羅	三	藐	三	菩	提
언덕 아	김맬 누(뇩)	많을 다	새그물 라	석 삼	아득할 막(먁)	석 삼	보리 보	끌 제(리)

부	유	이	사	천	하		미	진	수
復	有	二	四	天	下		微	塵	數
다시 부	있을 유	두 이	넉 사	하늘 천	아래 하		작을 미	티끌 진	셀 수

보	살	마	하	살		이	생	당	득
菩	薩	摩	訶	薩		二	生	當	得
보리 보	보살 살	갈 마	꾸짖을 가(하)	보살 살		두 이	날 생	마땅히 당	얻을 득

아	뇩	다	라	삼	먁	삼	보	리
阿	耨	多	羅	三	藐	三	菩	提
언덕 아	김맬 누(뇩)	많을 다	새그물 라	석 삼	아득할 막(먁)	석 삼	보리 보	끌 제(리)

부	유	일	사	천	하		미	진	수
復	有	一	四	天	下		微	塵	數
다시 부	있을 유	한 일	넉 사	하늘 천	아래 하		작을 미	티끌 진	셀 수

아뇩다라삼먁삼보리를 성취한다는 확신을 얻었느니라.
사천하 두 배의 티끌수에 해당하는 보살마하살들은
두 번 더 태어난 뒤 아뇩다라삼먁삼보리를 성취하며,
사천하 그만큼의 티끌수에 해당하는

보	살	마	하	살		일	생	당	득
菩	薩	摩	訶	薩		一	生	當	得
보리 보	보살 살	갈 마	꾸짖을 가(하)	보살 살		한 일	날 생	마땅히 당	얻을 득

아	뇩	다	라	삼	먁	삼	보	리
阿	耨	多	羅	三	藐	三	菩	提
언덕 아	김맬 누(뇩)	많을 다	새그물 라	석 삼	아득할 막(먁)	석 삼	보리 보	끌 제(리)

부	유	팔	세	계		미	진	수	중
復	有	八	世	界		微	塵	數	衆
다시 부	있을 유	여덟 팔	세상 세	지경 계		작을 미	티끌 진	셀 수	무리 중

생		개	발	아	뇩	다	라	삼	먁
生		皆	發	阿	耨	多	羅	三	藐
날 생		다 개	필 발	언덕 아	김맬 누(뇩)	많을 다	새그물 라	석 삼	아득할 막(먁)

삼	보	리	심		불	설	시		제
三	菩	提	心		佛	說	是		諸
석 삼	보리 보	끌 제(리)	마음 심		부처 불	말씀 설	이 시		모든 제

보살마하살들은 한 번만 더 태어나면 아뇩다라삼먁삼보리를 성취한다는 확신을 얻었느니라.
게다가 여덟 세계의 티끌수에 해당하는 수많은 중생들도
모두 아뇩다라삼먁삼보리를 구하려고 마음먹게 되었느니라."
석가모니 부처님께서

보	살	마	하	살		득	대	법	리
菩	薩	摩	訶	薩		得	大	法	利
보리 보	보살 살	갈 마	꾸짖을 가(하)	보살 살		얻을 득	큰 대	법 법	이로울 리

시		어	허	공	중		우	만	다
時		於	虛	空	中		雨	曼	陀
때 시		어조사 어	빌 허	빌 공	가운데 중		비 우	아름다울 만	비탈질 타(다)

라	화		마	하	만	다	라	화
羅	華		摩	訶	曼	陀	羅	華
새그물 라	꽃 화		갈 마	꾸짖을 가(하)	아름다울 만	비탈질 타(다)	새그물 라	꽃 화

이	산	무	량		백	천	만	억
以	散	無	量		百	千	萬	億
써 이	흩을 산	없을 무	헤아릴 량		일백 백	일천 천	일만 만	억 억

중	보	수	하		사	자	좌	상	제
衆	寶	樹	下		師	子	座	上	諸
무리 중	보배 보	나무 수	아래 하		스승 사	아들 자	자리 좌	위 상	모든 제

여러 보살마하살들이 크게 법의 이익을 얻은 점에 대하여 말씀하실 때에,
하늘에서는 만다라꽃과 마하만다라꽃의 꽃비가 내렸다.
그래서 한량없는 백천만억의 보배나무 밑 사자좌 위에
앉아 계시는 모든 분신부처님들께 곱게 뿌려졌다.

불		병	산	칠	보	탑	중		사
佛		幷	散	七	寶	塔	中		師
부처 불		아우를 병	흩을 산	일곱 칠	보배 보	탑 탑	가운데 중		스승 사

자	좌	상		석	가	모	니	불
子	座	上		釋	迦	牟	尼	佛
아들 자	자리 좌	위 상		풀 석	막을 가	소우는소리모	여승 니	부처 불

급	구	멸	도		다	보	여	래
及	久	滅	度		多	寶	如	來
및 급	오랠 구	멸할 멸	건널 도		많을 다	보배 보	같을 여	올 래

역	산	일	체		제	대	보	살
亦	散	一	切		諸	大	菩	薩
또 역	흩을 산	한 일	모두 체		모든 제	큰 대	보리 보	보살 살

급	사	부	중		우	우	세	말	전
及	四	部	衆		又	雨	細	抹	栴
및 급	넉 사	나눌 부	무리 중		또 우	비 우	가늘 세	가루 말	단향목 전

아울러 칠보탑 속의 사자좌 위에 앉아 계시는 석가모니 부처님과
이미 오래 전에 열반하신 다보여래께도 색색으로 뿌려졌으며,
또한 일체 대보살들과 사부대중들에게도 뿌려졌다.
또 부드러운 가루로 된 전단향과

단		침	수	향	등		어	허	공
檀		沈	水	香	等		於	虛	空
단향목 단		가라앉을 침	물 수	향기 향	무리 등		어조사 어	빌 허	빌 공

중		천	고	자	명		묘	성	심
中		天	鼓	自	鳴		妙	聲	深
가운데 중		하늘 천	북 고	스스로 자	울 명		묘할 묘	소리 성	깊을 심

원		우	우	천	종	천	의		수
遠		又	雨	千	種	天	衣		垂
멀 원		또 우	비 우	일천 천	종류 종	하늘 천	옷 의		드리울 수

제	영	락		진	주	영	락		마
諸	瓔	珞		眞	珠	瓔	珞		摩
모든 제	구슬목걸이 영	구슬목걸이 락		참 진	구슬 주	구슬목걸이 영	구슬목걸이 락		갈 마

니	주	영	락		여	의	주	영	락
尼	珠	瓔	珞		如	意	珠	瓔	珞
여승 니	구슬 주	구슬목걸이 영	구슬목걸이 락		같을 여	뜻 의	구슬 주	구슬목걸이 영	구슬목걸이 락

침수향들이 비 오듯 흘러내렸고, 천상에서는 하늘북이 저절로 울리니
미묘한 소리가 깊고 그윽하여 멀리까지 울려 퍼지게 되었다.
또 수천 가지나 되는 아름다운 하늘나라 옷들이 비처럼 나부껴 내렸고,
진주영락·마니주영락·여의주영락 등 갖가지 영락들이

변	어	구	방		중	보	향	로
遍	於	九	方		衆	寶	香	爐
두루 편(변)	어조사 어	아홉 구	방위 방		무리 중	보배 보	향기 향	화로 로
소	무	가	향		자	연	주	지
燒	無	價	香		自	然	周	至
사를 소	없을 무	값 가	향기 향		스스로 자	그러할 연	두루 주	이를 지
공	양	대	회		일	일	불	상
供	養	大	會		一	一	佛	上
이바지할 공	기를 양	큰 대	모일 회		한 일	한 일	부처 불	위 상
유	제	보	살		집	지	번	개
有	諸	菩	薩		執	持	幡	蓋
있을 유	모든 제	보리 보	보살 살		잡을 집	가질 지	기 번	덮개 개
차	제	이	상		지	우	범	천
次	第	而	上		至	于	梵	天
버금 차	차례 제	말이을 이	오를 상		이를 지	어조사 우	하늘 범	하늘 천

아홉 방위 곳곳에 가득 드리워졌다. 각종 보석으로 만들어진 향로에는
값으로 따질 수 없이 귀한 향이 사루어지매, 그윽한 향취가 저절로 두루 퍼지며
법회에 모인 대중들에게 공양하였다. 그리고 부처님 한 분마다 그 위에
번기와 일산을 든 보살들이 차례로 줄을 지어 올라가 범천의 하늘나라에까지 이르렀는데,

시	제	보	살		이	묘	음	성
是	諸	菩	薩		以	妙	音	聲
이 시	모든 제	보리 보	보살 살		써 이	묘할 묘	소리 음	소리 성

가	무	량	송		찬	탄	제	불
歌	無	量	頌		讚	歎	諸	佛
노래 가	없을 무	헤아릴 량	기릴 송		칭찬할 찬	찬탄할 탄	모든 제	부처 불

이	시		미	륵	보	살		종	좌
爾	時		彌	勒	菩	薩		從	座
그 이	때 시		두루찰 미	굴레 륵	보리 보	보살 살		좇을 종	자리 좌

이	기		편	단	우	견		합	장
而	起		偏	袒	右	肩		合	掌
말 이을 이	일어날 기		치우칠 편	옷벗어맬 단	오른쪽 우	어깨 견		합할 합	손바닥 장

향	불		이	설	게	언		불	설
向	佛		而	說	偈	言		佛	說
향할 향	부처 불		말 이을 이	말씀 설	게송 게	말씀 언		부처 불	말씀 설

그 보살들은 아름답고 고운 음성으로써
수많은 노래를 부르며 모든 부처님들을 찬탄하였다.
그때 미륵보살이 자리에서 일어나 오른쪽 어깨를 드러내고
합장한 채 부처님을 향하여 게송으로 사뢰었다.

희	유	법		석	소	미	증	문
希	有	法		昔	所	未	曾	聞
드물 희	있을 유	법 법		옛 석	바 소	아닐 미	일찍 증	들을 문

세	존	유	대	력		수	명	불	가
世	尊	有	大	力		壽	命	不	可
세상 세	높을 존	있을 유	큰 대	힘 력		목숨 수	목숨 명	아닐 불	가히 가

량		무	수	제	불	자		문	세
量		無	數	諸	佛	子		聞	世
헤아릴 량		없을 무	셀 수	모든 제	부처 불	아들 자		들을 문	세상 세

존	분	별		설	득	법	리	자
尊	分	別		說	得	法	利	者
높을 존	나눌 분	나눌 별		말씀 설	얻을 득	법 법	이로울 리	놈 자

환	희	충	변	신		혹	주	불	퇴
歡	喜	充	遍	身		或	住	不	退
기쁠 환	기쁠 희	찰 충	두루 편(변)	몸 신		혹 혹	머물 주	아닐 불	물러날 퇴

> 부처님께서 희유한 가르침 설해주시니 세존의 위대한 능력과
> 무한한 수명에 대하여 예전에는 한 번도 들은 적 없었나이다.
> 무수한 여러 불자들은 세존께서 법의 이익 얻은 자들에 대해
> 알기 쉽도록 분별해주시는 이야기 듣고서 온몸이 그만 기쁨으로 충만해졌나이다.

지		혹	득	다	라	니		혹	무
地		或	得	陀	羅	尼		或	無
땅 지		혹 혹	얻을 득	비탈질 타(다)	새그물 라	여승 니		혹 혹	없을 무

애	요	설		만	억	선	총	지
礙	樂	說		萬	億	旋	總	持
거리낄 애	좋아할 요	말씀 설		일만 만	억 억	돌 선	거느릴 총	가질 지

혹	유	대	천	계		미	진	수	보
或	有	大	千	界		微	塵	數	菩
혹 혹	있을 유	큰 대	일천 천	지경 계		작을 미	티끌 진	셀 수	보리 보

살		각	각	개	능	전		불	퇴
薩		各	各	皆	能	轉		不	退
보살 살		각각 각	각각 각	다 개	능할 능	구를 전		아닐 불	물러날 퇴

지	법	륜		부	유	중	천	계
之	法	輪		復	有	中	千	界
어조사 지	법 법	바퀴 륜		다시 부	있을 유	가운데 중	일천 천	지경 계

누군가는 불퇴지에 머물게 되었고 혹은 다라니를 얻었으며
또 걸림 없이 설법 잘하는 변재를 얻었고 혹은 만억의 선다라니를 얻었으며,
대천세계 티끌수처럼 무수한 보살들은
각각 모두 불퇴전 법륜을 굴리게 되었고 다시 중천세계

미	진	수	보	살		각	각	개	능
微	塵	數	菩	薩		各	各	皆	能
작을미	티끌진	셀수	보리보	보살살		각각각	각각각	다개	능할능

전		청	정	지	법	륜		부	유
轉		淸	淨	之	法	輪		復	有
구를전		맑을청	깨끗할정	어조사지	법법	바퀴륜		다시부	있을유

소	천	계		미	진	수	보	살	
小	千	界		微	塵	數	菩	薩	
작을소	일천천	지경계		작을미	티끌진	셀수	보리보	보살살	

여	각	팔	생	재		당	득	성	불
餘	各	八	生	在		當	得	成	佛
남을여	각각각	여덟팔	날생	있을재		마땅히당	얻을득	이룰성	부처불

도		부	유	사	삼	이		여	차
道		復	有	四	三	二		如	此
길도		다시부	있을유	넉사	석삼	두이		같을여	이차

티끌수처럼 수많은 보살들은 저마다 청정 법륜을 굴리게 되었나이다.
또 소천세계 티끌수처럼 많은 보살들은 각기 여덟 번
다시 태어난 다음에 반드시 불도를 성취한다는 확신을 얻었고,
다시 사천하의 네 배·세 배·두 배

사	천	하		미	진	제	보	살
四	天	下		微	塵	諸	菩	薩
넉 사	하늘 천	아래 하		작을 미	티끌 진	모든 제	보리 보	보살 살

수	수	생	성	불		혹	일	사	천
隨	數	生	成	佛		或	一	四	天
따를 수	셀 수	날 생	이룰 성	부처 불		혹 혹	한 일	넉 사	하늘 천

하		미	진	수	보	살		여	유
下		微	塵	數	菩	薩		餘	有
아래 하		작을 미	티끌 진	셀 수	보리 보	보살 살		남을 여	있을 유

일	생	재		당	성	일	체	지
一	生	在		當	成	一	切	智
한 일	날 생	있을 재		마땅히 당	이룰 성	한 일	모두 체	슬기 지

여	시	등	중	생		문	불	수	장
如	是	等	衆	生		聞	佛	壽	長
같을 여	이 시	무리 등	무리 중	날 생		들을 문	부처 불	목숨 수	길 장

티끌수에 해당하는 보살들은 각각 네 번·세 번·두 번 더 태어난 다음
성불하게 된다는 확신을 얻었으며, 혹 사천하 그만큼의 티끌수에 해당하는 보살들은
한 번만 더 태어나게 되면 반드시 일체지 성취한다는 확신을 얻었으니,
이와 같은 중생들은 부처님의 수명이 끝없다는 말을 듣고서

원		득	무	량	무	루		청	정
遠		得	無	量	無	漏		淸	淨
멀 원		얻을 득	없을 무	헤아릴 량	없을 무	샐 루		맑을 청	깨끗할 정

지	과	보		부	유	팔	세	계	
之	果	報		復	有	八	世	界	
어조사 지	실과 과	갚을 보		다시 부	있을 유	여덟 팔	세상 세	지경 계	

미	진	수	중	생		문	불	설	수
微	塵	數	衆	生		聞	佛	說	壽
작을 미	티끌 진	셀 수	무리 중	날 생		들을 문	부처 불	말씀 설	목숨 수

명		개	발	무	상	심		세	존
命		皆	發	無	上	心		世	尊
목숨 명		다 개	필 발	없을 무	위 상	마음 심		세상 세	높을 존

설	무	량		불	가	사	의	법	
說	無	量		不	可	思	議	法	
말씀 설	없을 무	헤아릴 량		아닐 불	가히 가	생각할 사	의논할 의	법 법	

한량없으며 미혹함 없는 청정한 과보를 얻은 것이옵니다.
게다가 여덟 세계의 티끌수처럼 무수히 많은 중생들도 부처님께서 말씀하신
수명에 관한 법문 듣고서 모두 위없이 높은 진리를 구하려고 마음먹었나니,
세존께서 한량없고 불가사의한 법문 설하시자

다	유	소	요	익		여	허	공	무
多	有	所	饒	益		如	虛	空	無
많을 다	있을 유	바 소	넉넉할 요	더할 익		같을 여	빌 허	빌 공	없을 무

변		우	천	만	다	라		마	하
邊		雨	天	曼	陀	羅		摩	訶
가 변		비 우	하늘 천	아름다울 만	비탈질 타(다)	새그물 라		갈 마	꾸짖을 가(하)

만	다	라		석	범	여	항	사	
曼	陀	羅		釋	梵	如	恒	沙	
아름다울 만	비탈질 타(다)	새그물 라		풀 석	하늘 범	같을 여	항상 항	모래 사	

무	수	불	토	래		우	전	단	침
無	數	佛	土	來		雨	栴	檀	沈
없을 무	셀 수	부처 불	흙 토	올 래		비 우	단향목 전	단향목 단	가라앉을 침

수		빈	분	이	난	추		여	조
水		繽	紛	而	亂	墜		如	鳥
물 수		어지러울 빈	어지러울 분	말 이을 이	어지러울 난	떨어질 추		같을 여	새 조

도움 받은 이들이 참으로 허공처럼 다함없나이다.
하늘에서는 만다라꽃과 마하만다라꽃 꽃비 내리듯 흩날리는데
항하의 모래알처럼 많은 제석천과 범천왕들이 무수한 부처님들 세계에서 찾아와,
전단향과 침수향 가루를 그윽하며 분분히 내리되

비	공	하		공	산	어	제	불
飛	空	下		供	散	於	諸	佛
날비	빌공	내릴하		이바지할공	흩을산	어조사어	모든제	부처불

천	고	허	공	중		자	연	출	묘
天	鼓	虛	空	中		自	然	出	妙
하늘천	북고	빌허	빌공	가운데중		스스로자	그러할연	날출	묘할묘

성		천	의	천	만	종		선	전
聲		天	衣	千	萬	種		旋	轉
소리성		하늘천	옷의	일천천	일만만	종류종		돌선	구를전

이	래	하		중	보	묘	향	로
而	來	下		衆	寶	妙	香	爐
말이을이	올래	내릴하		무리중	보배보	묘할묘	향기향	화로로

소	무	가	지	향		자	연	실	주
燒	無	價	之	香		自	然	悉	周
사를소	없을무	값가	어조사지	향기향		스스로자	그러할연	다실	두루주

마치 새가 공중을 날아다니듯 모든 부처님들께 뿌리며 공양하였나이다.
하늘북은 허공 속에서 저절로 두둥둥~ 미묘한 소리를 내고
천만 가지의 하늘나라 옷들이 빙~빙 나부끼며 내려오거늘,
온갖 보배로 된 신기한 향로에서는 값으로 따질 수 없이 귀한 향 사루어지자

변		공	양	제	세	존		기	대
遍		供	養	諸	世	尊		其	大
두루 편(변)		이바지할 공	기를 양	모든 제	세상 세	높을 존		그 기	큰 대

보	살	중		집	칠	보	번	개
菩	薩	衆		執	七	寶	幡	蓋
보리 보	보살 살	무리 중		잡을 집	일곱 칠	보배 보	기 번	덮개 개

고	묘	만	억	종		차	제	지	범
高	妙	萬	億	種		次	第	至	梵
높을 고	묘할 묘	일만 만	억 억	종류 종		버금 차	차례 제	이를 지	하늘 범

천		일	일	제	불	전		보	당
天		一	一	諸	佛	前		寶	幢
하늘 천		한 일	한 일	모든 제	부처 불	앞 전		보배 보	기 당

현	승	번		역	이	천	만	게
懸	勝	幡		亦	以	千	萬	偈
매달 현	이길 승	기 번		또 역	써 이	일천 천	일만 만	게송 게

저절로 움직이며 향기가 두루 퍼져 모든 세존님께 공양 올렸나이다.
수없이 많은 대보살들은 만억 가지의 높고 우아한 칠보로 꾸민 번기와 일산을 손에 든 채
차례로 줄지어 올라가 범천 세계에까지 이르러, 한 분 한 분 모든 부처님 앞에
보배당간에다 승리의 깃발을 달고 또한 천만 가지 게송으로써

가	영	제	여	래		여	시	종	종
歌	詠	諸	如	來		如	是	種	種
노래 가	읊을 영	모든 제	같을 여	올 래		같을 여	이 시	종류 종	종류 종

사		석	소	미	증	유		문	불
事		昔	所	未	曾	有		聞	佛
일 사		옛 석	바 소	아닐 미	일찍 증	있을 유		들을 문	부처 불

수	무	량		일	체	개	환	희	
壽	無	量		一	切	皆	歡	喜	
목숨 수	없을 무	헤아릴 량		한 일	모두 체	다 개	기쁠 환	기쁠 희	

불	명	문	시	방		광	요	익	중
佛	名	聞	十	方		廣	饒	益	衆
부처 불	이름 명	들을 문	열 십(시)	방위 방		넓을 광	넉넉할 요	더할 익	무리 중

생		일	체	구	선	근		이	조
生		一	切	具	善	根		以	助
날 생		한 일	모두 체	갖출 구	착할 선	뿌리 근		써 이	도울 조

모든 여래를 노래하며 찬탄하였나이다. 이와 같은 갖가지 일들
예전에는 일찍이 없었거늘 부처님 수명 한량없다는 법문 듣고서
일체가 모두 환희 충만하나이다. 부처님 이름 시방에 들리사
널리 중생들 이익케 하시며 일체 중생이 선근을 구비하여

무	상	심		이	시	불	고		미
無	上	心		爾	時	佛	告		彌
없을 무	위 상	마음 심		그 이	때 시	부처 불	알릴 고		두루찰 미

륵	보	살	마	하	살		아	일	다
勒	菩	薩	摩	訶	薩		阿	逸	多
굴레 륵	보리 보	보살 살	갈 마	꾸짖을 가(하)	보살 살		언덕 아	편안할 일	많을 다

기	유	중	생		문	불	수	명
其	有	衆	生		聞	佛	壽	命
그 기	있을 유	무리 중	날 생		들을 문	부처 불	목숨 수	목숨 명

장	원	여	시		내	지	능	생
長	遠	如	是		乃	至	能	生
길 장	멀 원	같을 여	이 시		이에 내	이를 지	능할 능	날 생

일	념	신	해		소	득	공	덕
一	念	信	解		所	得	功	德
한 일	생각 념	믿을 신	풀 해		바 소	얻을 득	공 공	덕 덕

> 위없이 높은 보리심 내도록 도우시나이다.
> 그때 부처님께서 미륵 보살마하살에게 이르시었다.
> "아일다보살이여! 만일 어떤 중생이든 부처님 수명이 이처럼 무한하다는 말을 듣고서
> 한 생각 찰나라도 믿고 이해할 수 있다면, 그가 얻게 되는 공덕은

제17 분별공덕품

무	유	한	량		약	유	선	남	자
無	有	限	量		若	有	善	男	子
없을 무	있을 유	한계 한	헤아릴 량		만약 약	있을 유	착할 선	사내 남	아들 자

선	여	인		위	아	뇩	다	라	삼
善	女	人		爲	阿	耨	多	羅	三
착할 선	여자 여	사람 인		위할 위	언덕 아	김맬 누(뇩)	많을 다	새그물 라	석 삼

먁	삼	보	리	고		어	팔	십	만
藐	三	菩	提	故		於	八	十	萬
아득할 막(먁)	석 삼	보리 보	끌 제(리)	연고 고		어조사 어	여덟 팔	열 십	일만 만

억		나	유	타	겁		행	오	바
億		那	由	他	劫		行	五	波
억 억		어찌 나	말미암을 유	다를 타	겁 겁		행할 행	다섯 오	물결 파(바)

라	밀		단	바	라	밀		시	라
羅	蜜		檀	波	羅	蜜		尸	羅
새그물 라	꿀 밀		단향목 단	물결 파(바)	새그물 라	꿀 밀		주검 시	새그물 라

이루 헤아릴 수 없이 많으니라.
이를테면 어떤 선남자 선여인이 아뇩다라삼먁삼보리를 얻기 위해
팔십만억 나유타 겁의 오랜 세월 동안,
보시바라밀・지계바라밀・

바	라	밀		찬	제	바	라	밀	
波	羅	蜜		羼	提	波	羅	蜜	
물결 파(바)	새그물 라	꿀 밀		뒤섞일 찬	끌 제	물결 파(바)	새그물 라	꿀 밀	

비	리	야	바	라	밀		선	바	라
毘	梨	耶	波	羅	蜜		禪	波	羅
도울 비	배나무 리	어조사 야	물결 파(바)	새그물 라	꿀 밀		고요할 선	물결 파(바)	새그물 라

밀		제	반	야	바	라	밀	이
蜜		除	般	若	波	羅	蜜	以
꿀 밀		제할 제	돌 반	같을 약(야)	물결 파(바)	새그물 라	꿀 밀	써 이

시	공	덕		비	전	공	덕	백
是	功	德		比	前	功	德	百
이 시	공 공	덕 덕		견줄 비	앞 전	공 공	덕 덕	일백 백

분	천	분		백	천	만	억	분
分	千	分		百	千	萬	億	分
나눌 분	일천 천	나눌 분		일백 백	일천 천	일만 만	억 억	나눌 분

인욕바라밀·정진바라밀·선정바라밀 등 오바라밀만 닦고
반야바라밀은 닦지 않았다고 하자. 이 공덕을 가지고
부처님의 영원한 수명을 믿는 앞의 공덕에 비할 것 같으면,
백분의 일·천분의 일 아니 백천만억분의 일에도

불	급	기	일		내	지	산	수	비
不	及	其	一		乃	至	算	數	譬
아닐 불	미칠 급	그 기	한 일		이에 내	이를 지	셀 산	셀 수	비유할 비

유		소	불	능	지		약	선	남
喩		所	不	能	知		若	善	男
비유할 유		바 소	아닐 불	능할 능	알 지		만약 약	착할 선	사내 남

자	선	여	인		유	여	시	공	덕
子	善	女	人		有	如	是	功	德
아들 자	착할 선	여자 여	사람 인		있을 유	같을 여	이 시	공 공	덕 덕

어	아	뇩	다	라	삼	먁	삼	보	리
於	阿	耨	多	羅	三	藐	三	菩	提
어조사 어	언덕 아	김맬 누(뇩)	많을 다	새그물 라	석 삼	아득할 막(먁)	석 삼	보리 보	끌 제(리)

퇴	자		무	유	시	처		이	시
退	者		無	有	是	處		爾	時
물러날 퇴	놈 자		없을 무	있을 유	옳을 시	곳 처		그 이	때 시

미치지 못할 뿐더러 심지어
어떤 숫자나 비유로도 감히 비교가 안 되느니라.
그리하여 만약 선남자 선여인이 이와 같은 무량 공덕을 갖추었는데도
아뇩다라삼먁삼보리에서 물러나게 된다는 것은 전혀 이치에 맞지 않느니라."

세	존		욕	중	선	차	의		이
世	尊		欲	重	宣	此	義		而
세상 세	높을 존		하고자할 욕	거듭할 중	베풀 선	이 차	의미 의		말 이을 이

설	게	언		약	인	구	불	혜	
說	偈	言		若	人	求	佛	慧	
말씀 설	게송 게	말씀 언		만약 약	사람 인	구할 구	부처 불	지혜 혜	

어	팔	십	만	억		나	유	타	겁
於	八	十	萬	億		那	由	他	劫
어조사 어	여덟 팔	열 십	일만 만	억 억		어찌 나	말미암을 유	다를 타	겁 겁

수		행	오	바	라	밀		어	시
數		行	五	波	羅	蜜		於	是
셀 수		행할 행	다섯 오	물결 파(바)	새그물 라	꿀 밀		어조사 어	이 시

제	겁	중		보	시	공	양	불	
諸	劫	中		布	施	供	養	佛	
모든 제	겁 겁	가운데 중		베풀 포(보)	베풀 시	이바지할 공	기를 양	부처 불	

> 그때 세존께서 거듭 의미를 표현하시고자 게송으로 말씀하셨다.
>   만일 누군가 부처님 지혜 구하여 팔십만억 나유타 겁의 세월 동안에
>   보시·지계·인욕·정진·선정 등 오바라밀을 닦으며,
>   그토록 수천만 년 세월 동안 부처님·

급	연	각	제	자		병	제	보	살
及	緣	覺	弟	子		幷	諸	菩	薩
및 급	인연 연	깨달을 각	아우 제	아들 자		아우를 병	모든 제	보리 보	보살 살

중		진	이	지	음	식		상	복
衆		珍	異	之	飮	食		上	服
무리 중		보배 진	다를 이	어조사 지	마실 음	먹을 식		좋을 상	옷 복

여	와	구		전	단	립	정	사
與	臥	具		栴	檀	立	精	舍
더불어 여	누울 와	갖출 구		단향목 전	단향목 단	설 립	깨끗할 정	집 사

이	원	림	장	엄		여	시	등	보
以	園	林	莊	嚴		如	是	等	布
써 이	동산 원	수풀 림	꾸밀 장	엄할 엄		같을 여	이 시	무리 등	베풀 포(보)

시		종	종	개	미	묘		진	차
施		種	種	皆	微	妙		盡	此
베풀 시		종류 종	종류 종	다 개	작을 미	묘할 묘		다할 진	이 차

> 벽지불·성문제자와 여러 보살대중들에게 끊임없이 보시하여 공양하되,
> 맛있고 진귀한 음식과 좋은 의복·훌륭한 침구와
> 전단향나무로 지어진 우아한 절에 아름다운 숲과 동산까지 멋지게 장엄하여,
> 이와 같은 갖가지들 가장 좋고 훌륭하게 꾸며서 오랜 세월 동안 보시하고는

제	겁	수		이	회	향	불	도
諸	劫	數		以	迴	向	佛	道
모든 제	겁 겁	셀 수		써 이	돌 회	향할 향	부처 불	길 도

약	부	지	금	계		청	정	무	결
若	復	持	禁	戒		淸	淨	無	缺
만약 약	다시 부	가질 지	금할 금	지킬 계		맑을 청	깨끗할 정	없을 무	이지러질 결

루		구	어	무	상	도		제	불
漏		求	於	無	上	道		諸	佛
샐 루		구할 구	어조사 어	없을 무	위 상	길 도		모든 제	부처 불

지	소	탄		약	부	행	인	욕
之	所	歎		若	復	行	忍	辱
어조사 지	바 소	찬탄할 탄		만약 약	다시 부	행할 행	참을 인	욕될 욕

주	어	조	유	지		설	중	악	래
住	於	調	柔	地		設	衆	惡	來
머물 주	어조사 어	고를 조	부드러울 유	땅 지		설령 설	무리 중	악할 악	올 래

> 그 공덕을 다시 불도에 회향하며, 또 계율을 잘 엄수하여
> 한 가지도 실수 없이 청정히 지키며 위없이 높은 진리 구하여
> 모든 부처님들 찬탄을 받고, 게다가 인욕을 닦아서
> 마음이 고르고 부드러운 경지에 머물러 설사 온갖 나쁜 일이 닥치더라도

가		기	심	불	경	동		제	유
加		其	心	不	傾	動		諸	有
더할 가		그 기	마음 심	아닐 불	기울 경	움직일 동		모든 제	있을 유

득	법	자		회	어	증	상	만
得	法	者		懷	於	增	上	慢
얻을 득	법 법	놈 자		품을 회	어조사 어	더할 증	위 상	거만할 만

위	차	소	경	뇌		여	시	역	능
爲	此	所	輕	惱		如	是	亦	能
할 위	이 차	바 소	가벼울 경	괴롭힐 뇌		같을 여	이 시	또 역	능할 능

인		약	부	근	정	진		지	념
忍		若	復	勤	精	進		志	念
참을 인		만약 약	다시 부	부지런할 근	정미할 정	나아갈 진		뜻 지	생각 념

상	견	고		어	무	량	억	겁
常	堅	固		於	無	量	億	劫
항상 상	굳을 견	굳을 고		어조사 어	없을 무	헤아릴 량	억 억	겁 겁

그 마음 흔들리는 법이 없으며, 또 법을 얻었다고 확신하는
증상만의 교만한 자들이 함부로 업신여기며 괴롭히더라도
그러한 것마저 다 능히 참고, 부지런히 정진하여
뜻과 생각이 항상 견고하며 한량없는 억 겁의 세월 동안

일	심	불	해	식		우	어	무	수
一	心	不	懈	息		又	於	無	數
한 일	마음 심	아닐 불	게으를 해	쉴 식		또 우	어조사 어	없을 무	셀 수

겁		주	어	공	한	처		약	좌
劫		住	於	空	閑	處		若	坐
겁 겁		머물 주	어조사 어	빌 공	한가할 한	곳 처		만약 약	앉을 좌

약	경	행		제	수	상	섭	심	
若	經	行		除	睡	常	攝	心	
만약 약	지날 경	갈 행		제할 제	잠잘 수	항상 상	다스릴 섭	마음 심	

이	시	인	연	고		능	생	제	선
以	是	因	緣	故		能	生	諸	禪
써 이	이 시	인할 인	인연 연	연고 고		능할 능	날 생	모든 제	고요할 선

정		팔	십	억	만	겁		안	주
定		八	十	億	萬	劫		安	住
선정 정		여덟 팔	열 십	억 억	일만 만	겁 겁		편안할 안	머물 주

일심으로 수행하고 게으르지 않을 뿐더러,
무수 억만 년 동안이나 한적한 곳에 머물러
앉든지 거닐든지 늘 잠자지 않고 마음 다스리며,
이러한 인연으로 능히 모든 선정에 들되 팔십억만 겁의 세월토록

심	불	란		지	차	일	심	복
心	不	亂		持	此	一	心	福
마음 심	아닐 불	어지러울 란		가질 지	이 차	한 일	마음 심	복 복

원	구	무	상	도		아	득	일	체
願	求	無	上	道		我	得	一	切
원할 원	구할 구	없을 무	위 상	길 도		나 아	얻을 득	한 일	모두 체

지		진	제	선	정	제		시	인
智		盡	諸	禪	定	際		是	人
슬기 지		다할 진	모든 제	고요할 선	선정 정	가 제		이 시	사람 인

어	백	천		만	억	겁	수	중
於	百	千		萬	億	劫	數	中
어조사 어	일백 백	일천 천		일만 만	억 억	겁 겁	셀 수	가운데 중

행	차	제	공	덕		여	상	지	소
行	此	諸	功	德		如	上	之	所
행할 행	이 차	모든 제	공 공	덕 덕		같을 여	위 상	어조사 지	바 소

고요히 안정되어 마음 산란치 않거늘, 이 일심으로 닦은 복덕 가지고
위없이 높은 진리를 구해 '내 일체지를 얻어 모든 선정의 극치에 이르리라' 한다면,
그 사람이 백천만억 겁의 한량없는 세월 동안 닦아서 얻게 되는 여러 공덕들
앞서 말한 대로 좀 많기는 하겠지만,

설		유	선	남	녀	등		문	아
說		有	善	男	女	等		聞	我
말씀 설		있을 유	착할 선	사내 남	여자 녀	무리 등		들을 문	나 아

설	수	명		내	지	일	념	신
說	壽	命		乃	至	一	念	信
말씀 설	목숨 수	목숨 명		이에 내	이를 지	한 일	생각 념	믿을 신

기	복	과	어	피		약	인	실	무
其	福	過	於	彼		若	人	悉	無
그 기	복 복	지날 과	어조사 어	저 피		만약 약	사람 인	다 실	없을 무

유		일	체	제	의	회		심	심
有		一	切	諸	疑	悔		深	心
있을 유		한 일	모두 체	모든 제	의심할 의	뉘우칠 회		깊을 심	마음 심

수	유	신		기	복	위	여	차
須	臾	信		其	福	爲	如	此
잠깐 수	잠깐 유	믿을 신		그 기	복 복	할 위	같을 여	이 차

어떤 선남자 선여인들이 내가 수명이 끝없다고 하는 얘기 듣고서
하다못해 한 순간만이라도 믿는다면 그보다 훨씬 더 많은 복을 얻게 되나니,
만약 누군가 모든 의심 아주 없애버리고 마음 속 깊이
잠깐만이라도 믿는다면 그 복덕은 그야말로 한량없이 많으리라.

기	유	제	보	살		무	량	겁	행
其	有	諸	菩	薩		無	量	劫	行
그기	있을유	모든제	보리보	보살살		없을무	헤아릴량	겁겁	행할행
도		문	아	설	수	명		시	즉
道		聞	我	說	壽	命		是	則
길도		들을문	나아	말씀설	목숨수	목숨명		이시	곧즉
능	신	수		여	시	제	인	등	
能	信	受		如	是	諸	人	等	
능할능	믿을신	받을수		같을여	이시	모든제	사람인	무리등	
정	수	차	경	전		원	아	어	미
頂	受	此	經	典		願	我	於	未
정수리정	받을수	이차	경경	법전		원할원	나아	어조사어	아닐미
래		장	수	도	중	생		여	금
來		長	壽	度	衆	生		如	今
올래		길장	목숨수	건널도	무리중	날생		같을여	이제금

> 어떤 보살들이 한량없이 오랜 겁 동안 도를 닦았다면
> 내가 설하는 수명 이야기 듣고서 이내 믿고 받아들일 수 있으리라.
> 그와 같은 사람들은 이 경전을 머리에 이고 정중히 받아 서원하기를,
> '원컨대 나도 미래 세상에 오래 장수하면서 중생제도 하오리니,

일	세	존		제	석	중	지	왕	
日	世	尊		諸	釋	中	之	王	
날 일	세상 세	높을 존		모든 제	풀 석	가운데 중	어조사 지	임금 왕	

도	량	사	자	후		설	법	무	소
道	場	師	子	吼		說	法	無	所
길 도	마당 장(량)	스승 사	아들 자	울 후		말씀 설	법 법	없을 무	바 소

외		아	등	미	래	세		일	체
畏		我	等	未	來	世		一	切
두려워할 외		나 아	무리 등	아닐 미	올 래	세상 세		한 일	모두 체

소	존	경		좌	어	도	량	시	
所	尊	敬		坐	於	道	場	時	
바 소	높을 존	공경할 경		앉을 좌	어조사 어	길 도	마당 장(량)	때 시	

설	수	역	여	시		약	유	심	심
說	壽	亦	如	是		若	有	深	心
말씀 설	목숨 수	또 역	같을 여	이 시		만약 약	있을 유	깊을 심	마음 심

지금의 석가세존처럼 모든 석씨 문중의 왕으로
도량에서 사자후하듯 설법하되 두려움 없게 하소서!
그래서 저희들이 앞으로 오는 세상에 모든 중생들 존경받으며 도량에 앉을 때에는
영원한 수명에 대해 설하는 것까지도 지금의 석가세존과 똑같이 하게 하소서!'

자		청	정	이	질	직		다	문
者		清	淨	而	質	直		多	聞
놈 자		맑을 청	깨끗할 정	말이을 이	바탕 질	곧을 직		많을 다	들을 문

능	총	지		수	의	해	불	어
能	總	持		隨	義	解	佛	語
능할 능	거느릴 총	가질 지		따를 수	의미 의	풀 해	부처 불	말씀 어

여	시	제	인	등		어	차	무	유
如	是	諸	人	等		於	此	無	有
같을 여	이 시	모든 제	사람 인	무리 등		어조사 어	이 차	없을 무	있을 유

의		우	아	일	다		약	유	문
疑		又	阿	逸	多		若	有	聞
의심할 의		또 우	언덕 아	편안할 일	많을 다		만약 약	있을 유	들을 문

불		수	명	장	원		해	기	언
佛		壽	命	長	遠		解	其	言
부처 불		목숨 수	목숨 명	길 장	멀 원		풀 해	그 기	말씀 언

어떤 이가 마음 깊고 청정하며 순박하고 정직한 데다
많이 듣고 능히 다 기억할 수 있어서 올바르게 부처님 말씀을 이해한다면
그런 이들은 결코 여래 수명 의심하지 않으리라.
"또 아일다보살이여! 만약 어떤 사람이 부처님의 수명이 영원하다는 말을 듣고

취		시	인		소	득	공	덕
趣		是	人		所	得	功	德
뜻 취		이 시	사람 인		바 소	얻을 득	공 공	덕 덕

무	유	한	량		능	기	여	래
無	有	限	量		能	起	如	來
없을 무	있을 유	한계 한	헤아릴 량		능할 능	일어날 기	같을 여	올 래

무	상	지	혜		하	황	광	문	시
無	上	之	慧		何	況	廣	聞	是
없을 무	위 상	어조사 지	지혜 혜		어찌 하	하물며 황	넓을 광	들을 문	이 시

경		약	교	인	문		약	자	지
經		若	敎	人	聞		若	自	持
경 경		만약 약	가르칠 교	사람 인	들을 문		만약 약	스스로 자	가질 지

약	교	인	지		약	자	서		약
若	敎	人	持		若	自	書		若
만약 약	가르칠 교	사람 인	가질 지		만약 약	스스로 자	쓸 서		만약 약

그 뜻을 알아차리기만 해도, 그 사람이 얻는 공덕은 한량없이 많아서
능히 여래의 위없이 높은 지혜를 얻을 수 있느니라.
그런데 하물며 법화경을 자세히 듣거나 남에게 듣게 하고,
본인이 경을 수지하거나 남에게 수지하게 하며, 스스로 경전을 베껴 쓰거나

교	인	서		약	이	화	향	영	락
教	人	書		若	以	華	香	瓔	珞
가르칠교	사람 인	쓸 서		만약 약	써 이	꽃 화	향기 향	구슬목걸이영	구슬목걸이 락

당	번	증	개		향	유	소	등	
幢	幡	繒	蓋		香	油	酥	燈	
기 당	기 번	비단 증	덮개 개		향기 향	기름 유	연유 소	등잔 등	

공	양	경	권		시	인	공	덕	
供	養	經	卷		是	人	功	德	
이바지할공	기를 양	경 경	책 권		이 시	사람 인	공 공	덕 덕	

무	량	무	변		능	생	일	체	종
無	量	無	邊		能	生	一	切	種
없을 무	헤아릴 량	없을 무	가 변		능할 능	날 생	한 일	모두 체	종류 종

지		아	일	다		약	선	남	자
智		阿	逸	多		若	善	男	子
슬기 지		언덕 아	편안할 일	많을 다		만약 약	착할 선	사내 남	아들 자

남에게 베껴 쓰게 하고는 꽃과 향·영락·깃발·비단일산·향유·등불로써
경책에 공양까지 올린다면 그거야 더 말할 나위가 있겠느냐!
그 사람의 공덕은 무량무변하여 능히 일체종지를 이루게 되리라.
아일다보살이여! 만약 선남자

선	여	인		문	아	설		수	명
善	女	人		聞	我	說		壽	命
착할 선	여자 여	사람 인		들을 문	나 아	말씀 설		목숨 수	목숨 명

장	원		심	심	신	해		즉	위
長	遠		深	心	信	解		則	爲
길 장	멀 원		깊을 심	마음 심	믿을 신	풀 해		곧 즉	할 위

견	불		상	재	기	사	굴	산
見	佛		常	在	耆	闍	崛	山
볼 견	부처 불		항상 상	있을 재	늙은이 기	화장할 사	우뚝솟을 굴	뫼 산

공	대	보	살		제	성	문	중
共	大	菩	薩		諸	聲	聞	衆
함께 공	큰 대	보리 보	보살 살		모든 제	소리 성	들을 문	무리 중

위	요	설	법		우	견	차	사	바
圍	繞	說	法		又	見	此	娑	婆
두를 위	두를 요	말씀 설	법 법		또 우	볼 견	이 차	춤출 사	할미 파(바)

선여인이 내가 수명이 아주 무한하다고 말하는 것을 듣고서
마음속 깊이 믿고 이해한다면, 내가 항상 영취산에 있으면서
대보살들과 모든 성문대중들에게 둘러싸여
설법하고 있는 것을 보리라. 또 이 사바세계가

세	계		기	지	유	리		탄	연
世	界		其	地	琉	璃		坦	然
세상 세	지경 계		그 기	땅 지	유리 유	유리 리		평평할 탄	그러할 연

평	정		염	부	단	금		이	계
平	正		閻	浮	檀	金		以	界
평평할 평	바를 정		마을 염	뜰 부	단향목 단	쇠 금		써 이	경계할 계

팔	도		보	수	항	렬		제	대
八	道		寶	樹	行	列		諸	臺
여덟 팔	길 도		보배 보	나무 수	늘어설 항	줄 렬		모든 제	돈대 대

루	관		개	실	보	성		기	보
樓	觀		皆	悉	寶	成		其	菩
다락 루	볼 관		다 개	다 실	보배 보	이룰 성		그 기	보리 보

살	중		함	처	기	중		약	유
薩	衆		咸	處	其	中		若	有
보살 살	무리 중		다 함	곳 처	그 기	가운데 중		만약 약	있을 유

청보석의 유리로 땅이 되고 평탄하며 반듯한 데다, 여덟 줄로 된 바둑판 도로 가상이가
염부단금으로 표시되어 있고 보배나무들이 줄지어 늘어서 있는 것을 보리라.
그리고 많은 좌대와 누각들이 전부 보배로 이루어졌거늘,
그 속에 보살대중들이 살고 있는 것을 직접 보게 되리라.

능	여	시	관	자		당	지	시	위
能	如	是	觀	者		當	知	是	爲
능할능	같을여	이시	볼관	놈자		마땅히당	알지	이시	할위

심	신	해	상		우	부	여	래	멸
深	信	解	相		又	復	如	來	滅
깊을심	믿을신	풀해	모양상		또우	다시부	같을여	올래	멸할멸

후		약	문	시	경		이	불	훼
後		若	聞	是	經		而	不	毀
뒤후		만약약	들을문	이시	경경		말이을이	아닐불	헐훼

자		기	수	희	심		당	지	이
訾		起	隨	喜	心		當	知	已
헐뜯을자		일어날기	따를수	기쁠희	마음심		마땅히당	알지	이미이

위	심	신	해	상		하	황	독	송
爲	深	信	解	相		何	況	讀	誦
할위	깊을심	믿을신	풀해	모양상		어찌하	하물며황	읽을독	외울송

만약 능히 이와 같이 관찰할 수 있는 사람이 있다면, 그것은 다름 아니라
그가 깊이 믿고 이해하고 있다는 표상임을 명심하여라. 또 여래가 열반한 뒤에
만약 이 경을 듣고서 헐뜯거나 비방하지 않고 따라 기뻐하는 마음을 낸다면,
이미 깊이 믿고 이해하고 있는 상태인 것이니라. 그런데 하물며 경전을 늘 읽고 외우며

수	지	지	자		사	인	즉	위	정
受	持	之	者		斯	人	則	爲	頂
받을 수	가질 지	어조사 지	놈 자		이 사	사람 인	곧 즉	할 위	정수리 정

대	여	래		아	일	다		시	선
戴	如	來		阿	逸	多		是	善
일 대	같을 여	올 래		언덕 아	편안할 일	많을 다		이 시	착할 선

남	자	선	여	인		불	수	위	아
男	子	善	女	人		不	須	爲	我
사내 남	아들 자	착할 선	여자 여	사람 인		아닐 불	필요할 수	위할 위	나 아

부	기	탑	사		급	작	승	방	
復	起	塔	寺		及	作	僧	坊	
다시 부	일어날 기	탑 탑	절 사		및 급	지을 작	중 승	절 방	

이	사	사		공	양	중	승		소
以	四	事		供	養	衆	僧		所
써 이	넉 사	일 사		이바지할 공	기를 양	무리 중	중 승		바 소

받아 지니는 사람의 경우이겠느냐! 그 사람은 말하자면
여래를 머리 위에 모시고 있는 셈이나 다름없느니라. 아일다보살이여!
그런 선남자 선여인은 나를 위하여 다시 탑과 절을 세우거나 정사를 지을 필요가 없느니라.
또 네 가지 생활필수품으로써 대중스님들께 일부러 공양하지 않아도 되느니라.

이	자	하		시	선	남	자	선	여
以	者	何		是	善	男	子	善	女
써 이	놈 자	어찌 하		이 시	착할 선	사내 남	아들 자	착할 선	여자 여

인		수	지	독	송		시	경	전
人		受	持	讀	誦		是	經	典
사람 인		받을 수	가질 지	읽을 독	외울 송		이 시	경 경	법 전

자		위	이	기	탑		조	립	승
者		爲	已	起	塔		造	立	僧
놈 자		할 위	이미 이	일어날 기	탑 탑		지을 조	설 립	중 승

방		공	양	중	승		즉	위	이
坊		供	養	衆	僧		則	爲	以
절 방		이바지할 공	기를 양	무리 중	중 승		곧 즉	할 위	써 이

불	사	리		기	칠	보	탑		고
佛	舍	利		起	七	寶	塔		高
부처 불	집 사	이로울 리		일어날 기	일곱 칠	보배 보	탑 탑		높을 고

왜냐하면 법화경을 받아 지니고 읽고 외우는 선남자 선여인은
이미 탑과 절을 세운 셈이 되고, 정사를 지어서
대중스님들께 공양한 것이 되기 때문이니라.
다시 말해 부처님 사리를 모시기 위해 칠보탑을 세우되,

광	점	소		지	우	범	천		현
廣	漸	小		至	于	梵	天		懸
넓을 광	점점 점	작을 소		이를 지	어조사 우	하늘 범	하늘 천		매달 현

제	번	개		급	중	보	령		화
諸	幡	蓋		及	衆	寶	鈴		華
모든 제	기 번	덮개 개		및 급	무리 중	보배 보	방울 령		꽃 화

향	영	락		말	향	도	향	소	향
香	瓔	珞		抹	香	塗	香	燒	香
향기 향	구슬목걸이 영	구슬목걸이 락		가루 말	향기 향	바를 도	향기 향	사를 소	향기 향

중	고	기	악		소	적	공	후	
衆	鼓	伎	樂		簫	笛	箜	篌	
무리 중	북 고	재주 기	풍류 악		퉁소 소	피리 적	공후 공	공후 후	

종	종	무	희		이	묘	음	성	
種	種	舞	戲		以	妙	音	聲	
종류 종	종류 종	춤출 무	장난할 희		써 이	묘할 묘	소리 음	소리 성	

탑의 높이와 넓이는 올라갈수록 점점 가늘고 좁아져서 하늘나라 범천의 세계에까지
닿게 만든 격이니라. 그리고 탑에다 여러 번기와 일산·갖가지 보배방울들을 매달고,
꽃·향·영락·가루 향·바르는 향·사르는 향과 각종 북을 비롯한 여러 악기들과
퉁소·피리·공후 소리에다 온갖 화려한 춤과 고운 음성으로써

가	패	찬	송		즉	위	어	무	량
歌	唄	讚	頌		則	爲	於	無	量
노래 가	찬불 패	칭찬할 찬	기릴 송		곧 즉	할 위	어조사 어	없을 무	헤아릴 량

천	만	억	겁		작	시	공	양	이
千	萬	億	劫		作	是	供	養	已
일천 천	일만 만	억 억	겁 겁		지을 작	이 시	이바지할 공	기를 양	어조사 이

아	일	다		약	아	멸	후		문
阿	逸	多		若	我	滅	後		聞
언덕 아	편안할 일	많을 다		만약 약	나 아	멸할 멸	뒤 후		들을 문

시	경	전		유	능	수	지		약
是	經	典		有	能	受	持		若
이 시	경 경	법 전		있을 유	능할 능	받을 수	가질 지		만약 약

자	서		약	교	인	서		즉	위
自	書		若	敎	人	書		則	爲
스스로 자	쓸 서		만약 약	가르칠 교	사람 인	쓸 서		곧 즉	할 위

부처님을 찬탄하며 노래 부르는 것이나 마찬가지니라. 그 선남자 선여인은
자그마치 천만억 겁의 한량없는 세월 동안 이렇게 공양한 셈이 되느니라.
아일다보살이여! 가령 내가 열반한 뒤에 이 법화경을 듣고서
누군가 능히 받아 지니고 자신이 직접 쓰거나 남을 시켜서 쓰게 한다면,

제17 분별공덕품

기	립	승	방		이	적	전	단
起	立	僧	坊		以	赤	栴	檀
일어날 기	설 립	중 승	절 방		써 이	붉을 적	단향목 전	단향목 단

작	제	전	당		삼	십	유	이
作	諸	殿	堂		三	十	有	二
지을 작	모든 제	궁전 전	집 당		석 삼	열 십	있을 유	두 이

고	팔	다	라	수	고	광	엄	호
高	八	多	羅	樹	高	廣	嚴	好
높을 고	여덟 팔	많을 다	새그물 라	나무 수	높을 고	넓을 광	엄할 엄	좋을 호

백	천	비	구		어	기	중	지
百	千	比	丘		於	其	中	止
일백 백	일천 천	견줄 비	언덕 구		어조사 어	그 기	가운데 중	그칠 지

원	림	욕	지		경	행	선	굴
園	林	浴	池		經	行	禪	窟
동산 원	수풀 림	목욕할 욕	못 지		지날 경	갈 행	고요할 선	굴 굴

이는 곧 스님들이 거주하는 정사를 지은 것이나 매한가지니라. 이를테면
붉은 전단나무로 다라수 나무의 여덟 배나 될 만큼 높고 큼직하며 멋지게
전당을 서른두 채나 지어서, 수천 명의 스님들이 거주할 수 있도록 지은 것이 되느니라.
거기에다 아름다운 동산·숲·연못·호수·산책로가 딸려 있고, 참선하는 방은 물론

의	복	음	식		상	욕	탕	약
衣	服	飮	食		床	褥	湯	藥
옷의	옷복	마실음	먹을식		평상상	요욕	물끓일탕	약약

일	체	악	구		충	만	기	중
一	切	樂	具		充	滿	其	中
한일	모두체	풍류악	갖출구		찰충	찰만	그기	가운데중

여	시	승	방		당	각	약	간
如	是	僧	坊		堂	閣	若	干
같을여	이시	중승	절방		집당	문설주각	같을약	방패간

백	천	만	억		기	수	무	량
百	千	萬	億		其	數	無	量
일백백	일천천	일만만	억억		그기	셀수	없을무	헤아릴량

이	차	현	전		공	양	어	아
以	此	現	前		供	養	於	我
써이	이차	지금현	앞전		이바지할공	기를양	어조사어	나아

옷과 음식·이부자리·의약품 등
필요한 물품들이 죄다 마련되어 있는 셈이니라.
이런 정사와 당각들의 수효가 자그마치 백천만억 개나 되도록
무수히 조성한 격이 되어, 이런 것들을 전부 내 눈앞에서

제17 분별공덕품

급	비	구	승		시	고	아	설
及	比	丘	僧		是	故	我	說
및 급	견줄비	언덕구	중승		이시	연고고	나아	말씀설

여	래	멸	후		약	유	수	지	독
如	來	滅	後		若	有	受	持	讀
같을여	올래	멸할멸	뒤후		만약약	있을유	받을수	가질지	읽을독

송		위	타	인	설		약	자	서
誦		爲	他	人	說		若	自	書
외울송		위할위	다를타	사람인	말씀설		만약약	스스로자	쓸서

약	교	인	서		공	양	경	권
若	教	人	書		供	養	經	卷
만약약	가르칠교	사람인	쓸서		이바지할공	기를양	경경	책권

불	수	부	기	탑	사		급	조	승
不	須	復	起	塔	寺		及	造	僧
아닐불	필요할수	다시부	일어날기	탑탑	절사		및 급	지을조	중승

나와 스님들께 직접 공양한 것이나 다름없느니라. 그러므로 내 말하기를,
'여래가 열반한 뒤에 만약 어떤 이가 법화경을 받아 지니고서 읽고 외우며
다른 사람을 위해 설명해주고, 혹 자기가 직접 쓰거나 남을 시켜 쓰게 하고
경책에 공양까지 한다면, 구태여 다시 탑과 절을 세우고 정사를 지어서

방		공	양	중	승		황	부	유
坊		供	養	衆	僧		況	復	有
절 방		이바지할 공	기를 양	무리 중	중 승		하물며 황	다시 부	있을 유

인		능	지	시	경		겸	행	보
人		能	持	是	經		兼	行	布
사람 인		능할 능	가질 지	이 시	경 경		겸할 겸	행할 행	베풀 포(보)

시	지	계		인	욕	정	진		일
施	持	戒		忍	辱	精	進		一
베풀 시	가질 지	지킬 계		참을 인	욕될 욕	정미할 정	나아갈 진		한 일

심	지	혜		기	덕	최	승		무
心	智	慧		其	德	最	勝		無
마음 심	슬기 지	지혜 혜		그 기	덕 덕	가장 최	수승할 승		없을 무

량	무	변		비	여	허	공		동
量	無	邊		譬	如	虛	空		東
헤아릴 량	없을 무	가 변		비유할 비	같을 여	빌 허	빌 공		동녘 동

대중스님들께 공양하지 않아도 무방하다!' 라고 말한 것이니라.
하물며 다시 누군가 능히 이 경을 수지하면서 보시·지계·인욕·
정진·선정·지혜를 함께 닦는다면, 그 공덕은 말할 것도 없이
제일 수승하여 한량없고 끝이 없으리라. 예를 들어 허공의

서	남	북		사	유	상	하		무
西	南	北		四	維	上	下		無
서녘서	남녘남	북녘북		넉사	모퉁이유	위상	아래하		없을무

량	무	변		시	인	공	덕		역
量	無	邊		是	人	功	德		亦
헤아릴량	없을무	가변		이시	사람인	공공	덕덕		또역

부	여	시		무	량	무	변		질
復	如	是		無	量	無	邊		疾
다시부	같을여	이시		없을무	헤아릴량	없을무	가변		빠를질

지	일	체	종	지		약	인		독
至	一	切	種	智		若	人		讀
이를지	한일	모두체	종류종	슬기지		만약약	사람인		읽을독

송	수	지	시	경		위	타	인	설
誦	受	持	是	經		爲	他	人	說
외울송	받을수	가질지	이시	경경		위할위	다를타	사람인	말씀설

동·서·남·북과 그 사이의 네 간방과 상방·하방이
한량없고 끝이 없는 것과 마찬가지로, 그 사람의 공덕도
역시 한량없고 끝이 없어서 일체종지를 빨리 증득하리라.
만약 누군가 이 경을 읽고 외우며 받아 지니고 다른 사람을 위해 설명해주거나,

약	자	서		약	교	인	서		부
若	自	書		若	敎	人	書		復
만약 약	스스로 자	쓸 서		만약 약	가르칠 교	사람 인	쓸 서		다시 부

능	기	탑		급	조	승	방		공
能	起	塔		及	造	僧	坊		供
능할 능	일어날 기	탑 탑		및 급	지을 조	중 승	절 방		이바지할 공

양	찬	탄		성	문	중	승		역
養	讚	歎		聲	聞	衆	僧		亦
기를 양	칭찬할 찬	찬탄할 탄		소리 성	들을 문	무리 중	중 승		또 역

이	백	천	만	억		찬	탄	지	법
以	百	千	萬	億		讚	歎	之	法
써 이	일백 백	일천 천	일만 만	억 억		칭찬할 찬	찬탄할 탄	어조사 지	법 법

찬	탄	보	살	공	덕		우	위	타
讚	歎	菩	薩	功	德		又	爲	他
칭찬할 찬	찬탄할 탄	보리 보	보살 살	공 공	덕 덕		또 우	위할 위	다를 타

혹은 경전을 스스로 직접 쓰거나 남을 시켜 쓰게 한다고 하자.
게다가 능히 탑도 세우고 정사까지 지어서 많은 성문스님들을 공양하고 찬탄하며,
또한 백천만억 종류의 여러 찬탄하는 법식으로써
보살의 공덕을 찬탄한다고 하자. 또 다른 사람을 위해

인		종	종	인	연		수	의	해
人		種	種	因	緣		隨	義	解
사람 인		종류 종	종류 종	인할 인	인연 연		따를 수	의미 의	풀 해
설		차	법	화	경		부	능	청
說		此	法	華	經		復	能	淸
말씀 설		이 차	법 법	꽃 화	경 경		다시 부	능할 능	맑을 청
정	지	계		여	유	화	자		이
淨	持	戒		與	柔	和	者		而
깨끗할 정	가질 지	지킬 계		더불어 여	부드러울 유	화평할 화	놈 자		말 이을 이
공	동	지		인	욕	무	진		지
共	同	止		忍	辱	無	瞋		志
함께 공	한가지 동	그칠 지		참을 인	욕될 욕	없을 무	성낼 진		뜻 지
념	견	고		상	귀	좌	선		득
念	堅	固		常	貴	坐	禪		得
생각 념	굳을 견	굳을 고		항상 상	귀할 귀	앉을 좌	고요할 선		얻을 득

여러 가지 인연을 들어 올바르게 이 법화경을 해설해준다고 하자.
그리고 깨끗하게 계행을 지키며 마음이 부드럽고 온화한 사람들과 가까이 지내면서,
참고 성내지 않으며 뜻과 생각이 견고하다고 하자.
더욱이 항상 좌선하는 것을 소중히 여겨서

제	심	정		정	진	용	맹		섭
諸	深	定		精	進	勇	猛		攝
모든 제	깊을 심	선정 정		정미할 정	나아갈 진	날쌜 용	날랠 맹		다스릴 섭

제	선	법		이	근	지	혜		선
諸	善	法		利	根	智	慧		善
모든 제	착할 선	법 법		날카로울 이	뿌리 근	슬기 지	지혜 혜		착할 선

답	문	난		아	일	다		약	아
答	問	難		阿	逸	多		若	我
대답할 답	물을 문	어려울 난		언덕 아	편안할 일	많을 다		만약 약	나 아

멸	후		제	선	남	자	선	여	인
滅	後		諸	善	男	子	善	女	人
멸할 멸	뒤 후		모든 제	착할 선	사내 남	아들 자	착할 선	여자 여	사람 인

수	지	독	송		시	경	전	자
受	持	讀	誦		是	經	典	者
받을 수	가질 지	읽을 독	외울 송		이 시	경 경	법 전	놈 자

깊은 선정의 여러 경지를 증득하고, 용맹스럽게 계속 정진하여
훌륭한 법들을 섭수할 뿐더러 근기가 날카롭고 지혜로워
어려운 질문에도 잘 답변한다고 하자. 아일다보살이여!
내 열반한 뒤에 이 경전을 받아 지니고 읽고 외우는 여러 선남자 선여인들이

부	유	여	시		제	선	공	덕
復	有	如	是		諸	善	功	德
다시 부	있을 유	같을 여	이 시		모든 제	착할 선	공 공	덕 덕

당	지	시	인		이	취	도	량
當	知	是	人		已	趣	道	場
마땅히 당	알 지	이 시	사람 인		이미 이	나아갈 취	길 도	마당 장(량)

근	아	뇩	다	라	삼	먁	삼	보	리
近	阿	耨	多	羅	三	藐	三	菩	提
가까울 근	언덕 아	김맬 누(뇩)	많을 다	새그물 라	석 삼	아득할 막(먁)	석 삼	보리 보	끌 제(리)

좌	도	수	하		아	일	다		시
坐	道	樹	下		阿	逸	多		是
앉을 좌	길 도	나무 수	아래 하		언덕 아	편안할 일	많을 다		이 시

선	남	자	선	여	인		약	좌	약
善	男	子	善	女	人		若	坐	若
착할 선	사내 남	아들 자	착할 선	여자 여	사람 인		만약 약	앉을 좌	만약 약

동시에 이처럼 훌륭한 공덕까지 구비하였다면, 그들은 이미 도량에 나아간 것이나
진배없음을 명심하여라. 그들은 벌써 아뇩다라삼먁삼보리에 근접하여,
보리수나무 아래에 앉아 있는 것이나 마찬가지니라.
아일다보살이여! 그런 선남자 선여인들이 앉거나

립		약	행	처		차	중		변
立		若	行	處		此	中		便
설 립		만약 약	갈 행	곳 처		이 차	가운데 중		문득 변

응	기	탑		일	체	천	인		개
應	起	塔		一	切	天	人		皆
응당히 응	일어날 기	탑 탑		한 일	모두 체	하늘 천	사람 인		다 개

응	공	양		여	불	지	탑		이
應	供	養		如	佛	之	塔		爾
응당히 응	이바지할 공	기를 양		같을 여	부처 불	어조사 지	탑 탑		그 이

시	세	존		욕	중	선	차	의
時	世	尊		欲	重	宣	此	義
때 시	세상 세	높을 존		하고자할 욕	거듭할 중	베풀 선	이 차	의미 의

이	설	게	언		약	아	멸	도	후
而	說	偈	言		若	我	滅	度	後
말이을 이	말씀 설	게송 게	말씀 언		만약 약	나 아	멸할 멸	건널 도	뒤 후

서 있거나 걸어다니는 모든 곳에는 응당 거기에 탑을 세워야 하느니라.
그리고 일체 하늘천신과 사람들은 부처님 탑을 받들 듯이 정성껏 공양해야 하느니라."
그때 세존께서 거듭 의미를 표현하시고자 게송으로 말씀하셨다.
　　　만약 내 열반한 뒤에

능	봉	지	차	경		사	인	복	무
能	奉	持	此	經		斯	人	福	無
능할 능	받들 봉	가질 지	이 차	경 경		이 사	사람 인	복 복	없을 무

량		여	상	지	소	설		시	즉
量		如	上	之	所	說		是	則
헤아릴 량		같을 여	위 상	어조사 지	바 소	말씀 설		이 시	곧 즉

위	구	족		일	체	제	공	양	
爲	具	足		一	切	諸	供	養	
할 위	갖출 구	족할 족		한 일	모두 체	모든 제	이바지할 공	기를 양	

이	사	리	기	탑		칠	보	이	장
以	舍	利	起	塔		七	寶	而	莊
써 이	집 사	이로울 리	일어날 기	탑 탑		일곱 칠	보배 보	말이을 이	꾸밀 장

엄		표	찰	심	고	광		점	소
嚴		表	刹	甚	高	廣		漸	小
엄할 엄		겉 표	절 찰	심할 심	높을 고	넓을 광		점점 점	작을 소

능히 이 경전 받들어 간직한다면 그 사람은
앞서 말한 대로 한량없는 복덕을 얻으리니,
이는 모든 공양을 구족하여 부처님 사리탑을 세우되
칠보로 장엄할 뿐더러 매우 크고 높은 찰간은

지	범	천		보	령	천	만	억	
至	梵	天		寶	鈴	千	萬	億	
이를 지	하늘 범	하늘 천		보배 보	방울 령	일천 천	일만 만	억 억	

풍	동	출	묘	음		우	어	무	량
風	動	出	妙	音		又	於	無	量
바람 풍	움직일 동	날 출	묘할 묘	소리 음		또 우	어조사 어	없을 무	헤아릴 량

겁		이	공	양	차	탑		화	향
劫		而	供	養	此	塔		華	香
겁 겁		말 이을 이	이바지할 공	기를 양	이 차	탑 탑		꽃 화	향기 향

제	영	락		천	의	중	기	악	
諸	瓔	珞		天	衣	衆	伎	樂	
모든 제	구슬목걸이 영	구슬목걸이 락		하늘 천	옷 의	무리 중	재주 기	풍류 악	

연	향	유	소	등		주	잡	상	조
燃	香	油	酥	燈		周	匝	常	照
사를 연	향기 향	기름 유	연유 소	등잔 등		두루 주	돌 잡	항상 상	비출 조

> 올라갈수록 점점 작아져서 하늘의 범천세계에까지 닿고
> 천만억 개의 보배방울들이 바람 따라 땡그랑 맑은 소리 울리거늘,
> 그 탑에 한량없는 세월 동안 꽃과 향·많은 영락과 하늘나라 옷
> 여러 악기들 연주하고 향유에 등불까지 켜서 주위를 항상 밝게 비추어 공양한 격이로다.

제17 분별공덕품

명		악	세	법	말	시		능	지
明		惡	世	法	末	時		能	持
밝을 명		악할 악	세상 세	법 법	끝 말	때 시		능할 능	가질 지

시	경	자		즉	위	이	여	상
是	經	者		則	爲	已	如	上
이 시	경 경	놈 자		곧 즉	할 위	이미 이	같을 여	위 상

구	족	제	공	양		약	능	지	차
具	足	諸	供	養		若	能	持	此
갖출 구	족할 족	모든 제	이바지할 공	기를 양		만약 약	능할 능	가질 지	이 차

경		즉	여	불	현	재		이	우
經		則	如	佛	現	在		以	牛
경 경		곧 즉	같을 여	부처 불	지금 현	있을 재		써 이	소 우

두	전	단		기	승	방	공	양
頭	栴	檀		起	僧	坊	供	養
머리 두	단향목 전	단향목 단		일어날 기	중 승	절 방	이바지할 공	기를 양

이렇듯 오탁악세 말법 시대에 능히 이 경전 수지하는 자는
좀 전에 말한 대로 모든 공양 구족한 것이나 다름없나니,
만약 능히 이 경을 수지한다면 곧 부처님 계실 때
우두 전단나무로 정사를 지어 승단에 공양하되,

당	유	삼	십	이		고	팔	다	라
堂	有	三	十	二		高	八	多	羅
집 당	있을 유	석 삼	열 십	두 이		높을 고	여덟 팔	많을 다	새그물 라

수		상	찬	묘	의	복		상	와
樹		上	饌	妙	衣	服		床	臥
나무 수		좋을 상	반찬 찬	묘할 묘	옷 의	옷 복		평상 상	누울 와

개	구	족		백	천	중	주	처	
皆	具	足		百	千	衆	住	處	
다 개	갖출 구	족할 족		일백 백	일천 천	무리 중	머물 주	곳 처	

원	림	제	욕	지		경	행	급	선
園	林	諸	浴	池		經	行	及	禪
동산 원	수풀 림	모든 제	목욕할 욕	못 지		지날 경	갈 행	및 급	고요할 선

굴		종	종	개	엄	호		약	유
窟		種	種	皆	嚴	好		若	有
굴 굴		종류 종	종류 종	다 개	엄할 엄	좋을 호		만약 약	있을 유

> 서른두 채의 전당을 다라수의 여덟 배나 될 만큼 높게 지어서
> 좋은 음식·훌륭한 의복과 평상에 침구까지 갖춤은 물론이요,
> 수천 명의 대중스님들 거주하는 처소와 동산·숲·연못·호수·산책로가 딸려 있고
> 좌선하는 선방과 그 밖의 갖가지 용품들까지 모두 아름답게 장엄하여 공양한 셈이로다.

제17 분별공덕품

신	해	심		수	지	독	송	서
信	解	心		受	持	讀	誦	書
믿을신	풀해	마음심		받을수	가질지	읽을독	외울송	쓸서

약	부	교	인	서		급	공	양	경
若	復	敎	人	書		及	供	養	經
만약약	다시부	가르칠교	사람인	쓸서		및급	이바지할공	기를양	경경

권		산	화	향	말	향		이	수
卷		散	華	香	抹	香		以	須
책권		흩을산	꽃화	향기향	가루말	향기향		써이	모름지기수

만	첨	복		아	제	목	다	가
曼	瞻	蔔		阿	提	目	多	伽
아름다울만	볼첨	무복		언덕아	끌제	눈목	많을다	절가

훈	유	상	연	지		여	시	공	양
薰	油	常	燃	之		如	是	供	養
향내훈	기름유	항상상	사를연	어조사지		같을여	이시	이바지할공	기를양

만일 누군가 믿고 이해하는 마음으로 이 경을 수지하여 읽고 외우며 쓰고 나서는
다시 남에게 쓰도록 하고 아울러 경책에도 공양하기를,
꽃과 향 및 향가루를 뿌리며 수만나꽃과 첨복화 아제목다가에서 짠 기름으로
항상 등불을 밝히어, 이렇게 경책에 공양하는 자는

자		득	무	량	공	덕		여	허
者		得	無	量	功	德		如	虛
놈 자		얻을 득	없을 무	헤아릴 량	공 공	덕 덕		같을 여	빌 허

공	무	변		기	복	역	여	시
空	無	邊		其	福	亦	如	是
빌 공	없을 무	가 변		그 기	복 복	또 역	같을 여	이 시

황	부	지	차	경		겸	보	시	지
況	復	持	此	經		兼	布	施	持
하물며 황	다시 부	가질 지	이 차	경 경		겸할 겸	베풀 포(보)	베풀 시	가질 지

계		인	욕	락	선	정		부	진
戒		忍	辱	樂	禪	定		不	瞋
지킬 계		참을 인	욕될 욕	즐길 락	고요할 선	선정 정		아닐 부	성낼 진

불	악	구		공	경	어	탑	묘
不	惡	口		恭	敬	於	塔	廟
아닐 불	악할 악	입 구		공손할 공	공경할 경	어조사 어	탑 탑	사당 묘

> 한량없는 공덕을 얻으리니 마치 허공이 끝간 데가 없는 것처럼
> 그 복덕도 또한 끝없이 많으리라. 하물며 이 경을 수지하면서
> 보시와 지계를 겸하여 닦고 인욕하며 선정을 즐기는 데다
> 성내지 않고 욕설도 하지 않을 뿐더러, 부처님 탑묘를 공경하며

겸	하	제	비	구		원	리	자	고
謙	下	諸	比	丘		遠	離	自	高
겸손할 겸	아래 하	모든 제	견줄 비	언덕 구		멀 원	떠날 리	스스로 자	높을 고

심		상	사	유	지	혜		유	문
心		常	思	惟	智	慧		有	問
마음 심		항상 상	생각할 사	생각할 유	슬기 지	지혜 혜		있을 유	물을 문

난	부	진		수	순	위	해	설
難	不	瞋		隨	順	爲	解	說
어려울 난	아닐 부	성낼 진		따를 수	순할 순	할 위	풀 해	말씀 설

약	능	행	시	행		공	덕	불	가
若	能	行	是	行		功	德	不	可
만약 약	능할 능	행할 행	이 시	행할 행		공 공	덕 덕	아닐 불	가히 가

량		약	견	차	법	사		성	취
量		若	見	此	法	師		成	就
헤아릴 량		만약 약	볼 견	이 차	법 법	스승 사		이룰 성	이룰 취

모든 비구들에게 겸손하게 하심하고 교만한 마음을 멀리 여읜 채
항상 지혜만 깊이 생각함은 물론, 어려운 질문을 당하더라도 성내지 않고
질문에 따라 잘 해설해주나니 능히 이런 수행을 닦을 수만 있다면
그 공덕이야말로 가히 헤아릴 수 없이 많으리라. 만약 이와 같은 공덕을 성취한

여	시	덕		응	이	천	화	산
如	是	德		應	以	天	華	散
같을 여	이 시	덕 덕		응당히 응	써 이	하늘 천	꽃 화	흩을 산

천	의	부	기	신		두	면	접	족
天	衣	覆	其	身		頭	面	接	足
하늘 천	옷 의	덮을 부	그 기	몸 신		머리 두	낯 면	접할 접	발 족

례		생	심	여	불	상		우	응
禮		生	心	如	佛	想		又	應
예도 례		날 생	마음 심	같을 여	부처 불	생각 상		또 우	응당히 응

작	시	념		불	구	예	도	수
作	是	念		不	久	詣	道	樹
지을 작	이 시	생각 념		아닐 불	오랠 구	이를 예	길 도	나무 수

득	무	루	무	위		광	리	제	인
得	無	漏	無	爲		廣	利	諸	人
얻을 득	없을 무	샐 루	없을 무	할 위		넓을 광	이로울 리	모든 제	사람 인

> 법사를 보거든 응당 하늘나라꽃을 뿌려서 공양하고 하늘옷을 입혀드리며
> 머리 숙여 발에 절하되 마음속으로 부처님 뵈온 듯이 여길 뿐 아니라,
> 또 응당 이렇게 생각할지니, '이 분은 이제 곧 도량에 나아가
> 무루·무위의 경지를 얻어서 널리 모든 사람과 하늘천신들을 이롭게 하리라!'

제17 분별공덕품

천		기	소	주	지	처		경	행
天		其	所	住	止	處		經	行
하늘천		그기	바소	머물주	그칠지	곳처		지날경	갈행

약	좌	와		내	지	설	일	게
若	坐	臥		乃	至	說	一	偈
만약약	앉을좌	누울와		이에내	이를지	말씀설	한일	게송게

시	중	응	기	탑		장	엄	령	묘
是	中	應	起	塔		莊	嚴	令	妙
이시	가운데중	응당히응	일어날기	탑탑		꾸밀장	엄할엄	하여금령	묘할묘

호		종	종	이	공	양		불	자
好		種	種	以	供	養		佛	子
좋을호		종류종	종류종	써이	이바지할공	기를양		부처불	아들자

주	차	지		즉	시	불	수	용
住	此	地		則	是	佛	受	用
머물주	이차	땅지		곧즉	이시	부처불	받을수	쓸용

따라서 법사가 머무는 곳이라면 경행하거나 앉거나 눕거나
심지어 경전의 한 게송만 읊더라도 그 가운데 응당히
탑을 세워서 훌륭하게 장엄하고 갖가지로 공양해야 하느니라.
이런 부처님 제자가 머무는 곳이라면 곧 부처님이 받아서 쓰는 것이나 다름없나니,

상	재	어	기	중		경	행	급	좌
常	在	於	其	中		經	行	及	坐
항상 상	있을 재	어조사 어	그 기	가운데 중		지날 경	갈 행	및 급	앉을 좌

와
臥
누울 와

항상 부처님이 그 가운데 있음은 물론이고
경행하며 앉기도 하고 눕기도 하시느니라.

혜조惠照 스님

공주사대 독어과 졸업 후 출가.

봉녕사 강원 졸업.

동국대학교 대학원 박사과정 수료.

대한불교조계종 총무원 문화국장 역임.

저서 및 논문으로 『우리말 법화삼부경』, 『우리말 법화경 사경』(전5권), 『행복을 부르는 법화경 사경』(전7권), 『운명을 바꾸는 법화경 사경』(전7권), 『독송용 우리말 법화경』, 『너를 위해 밝혀둔 작은 램프 하나』(시집), 『엉겅퀴 붉은 향』(시집), 「연기법에 의한 공사상과 중도론 연구」(논문) 등이 있다.

행복을 부르는 법화경 사경 5

발행일 2024년 7월 15일

옮긴이 혜조 | **펴낸이** 김시열

펴낸곳 도서출판 운주사

   (02832) 서울시 성북구 동소문로 67-1 성심빌딩 3층

   전화 (02) 926-8361 | 팩스 (0505) 115-8361

ISBN 978-89-5746-792-3 03220 값 10,000원

http://cafe.daum.net/unjubooks (다음 카페: 도서출판 운주사)